Werner May

Der Vertrauensmodus

und die Kunst des verbindenden Neins

– Ein Aufruf –

Werner May

Der Vertrauensmodus

und die Kunst des verbindenden Neins

– Ein Aufruf –

IGNIS-Akademie für Christliche Psychologie

Dank allen, die ermutigt, mitdiskutiert und korrigiert haben, insbesondere Annica, Cornelia, Hagen, Heike und Julia. Ein Dankeschön an Agnes, meine Frau, für die Lektoratsarbeiten.

1. Auflage 2011

IGNIS-Edition

IGNIS Akademie für Christliche Psychologie
Kanzler-Stürtzel-Str.2, 97318 Kitzingen
www.ignis.de

Satz und Druck: Schönbach-Druck GmbH, 64390 Erzhauen

ISBN: 978-3-933685-28-5

Werner May, Jahrgang 49, Dipl.Psych., seit 1988 an der IGNIS-Akademie für Christliche Psychologie in Kitzingen (www.ignis.de). Vorher war er in verschiedenen sozialen Einrichtungen tätig. Er ist 1. Vorsitzender von IGNIS e.V., Vizepräsident des Instituts für Christliche Psychologie, Therapie und Pädagogik in der Schweiz (www.ICPTP.ch), sowie Präsident des European Movements of Christian Anthropology, Psychology and Psychotherapy (www.emcapp.eu).

Innerhalb der IGNIS-Akademie war er von 1995–2005 für die Lehre im Bereich Familie und Erziehung verantwortlich. Sein praktischer Schwerpunkt lag in diesem Zeitraum in der Beratung von Pflege- und Adoptivfamilien.

Jetzt ist er als Dozent für Grundlagen Christlicher Psychologie und Beratung im In- und Ausland unterwegs. Seine Arbeitsschwerpunkte sind zurzeit eine „Psychologie des Neinsagens", „21+, Seminare für Christen, die schon über 21 Jahre Christen sind" und „Das Lebenskunst-Online-Seminar" (www.staunen.info).

Er ist Autor mehrerer Bücher (Sachbücher, heiter-ernste Geschichten, Lyrik, www.Das-MannMann-Buch.de).

Werner May ist seit über fünfunddreißig Jahren mit Agnes verheiratet. Sie haben sechs erwachsene Kinder.

„Wir vertrauen anderen viel öfter, als wir glauben. Und wir sind auch viel glaubwürdiger als wir denken."

(David Dunning, Vertrauensforscher)

Inhaltsverzeichnis

Im Vertrauen oder im Misstrauen zu leben, sind zwei Grundhaltungen, die entscheidende Weichen stellen, wohin unsere Welt geht.

Wesentliche Gedanken dieses Aufrufs wurden im Rahmen der Pädagogik[1] entwickelt, sollen aber hier zusätzlich für das Alltagsleben von Erwachsenen dienlich gemacht werden.
Zunächst, im Teil I, gilt es verständlich zu machen, was wir mit Vertrauen bzw. Misstrauen meinen. Im zweiten Teil führen wir in die Kunst des verbindenden Neins ein, dem gestaltenden Element und der fast ständig möglichen Einladung, in den Vertrauensmodus zu wechseln. Im dritten Teil soll unser Ja und unser Nein in das Größere der Liebe eingebunden werden.
Im ersten und letzten Teil habe ich mich ausgestreckt, etwas zu fassen, was für den praktischen zweiten Teil den Horizont absteckt.

Wir sehnen uns nach einem Leben mit Vertrauen, aber ist das nicht nur ein Traum, der nur gelegentlich Wirklichkeit wird? Wir spüren die Angst, die unter dieser so zerbrechlichen Oberfläche Vertrauen schlummert, die Angst verletzt oder ausgenutzt zu werden.
Dass Vertrauen stärker ist, als beim kleinsten Gegenwind zu zerbrechen, davon handelt dieser Aufruf, und natürlich auch vom Gewinn, der entsteht, wenn Misstrauen überwunden wird. Aber auch der Preis, der zu zahlen ist, soll nicht verschwiegen werden.

---

1 Werner May (2001): Kindern Dialogisch Grenzen setzen. IGNIS: Kitzingen
Außerdem danke ich Heinz Etter für den persönlichen Austausch über seinen Entwurf einer Vertrauenspädagogik. www.fluestern.ch

Innerer Monolog I:

Vertrauen oder Misstrauen?

Ich solle ihm doch vertrauen, hat er mir fast beschwörend zugeflüstert. Ich könne ihm vertrauen.
Das kann er leicht sagen.

Wieso kann ich ihm nicht vertrauen?
Wahrscheinlich, weil ich nicht weiß, wie ich bei ihm dran bin. Mal so, mal so, so kenne ich ihn in unserer Zusammenarbeit. Wenn wir uns treffen, scheint er mir nicht gerade begeistert zu sein, mich zu sehen, zumindest wirkt sein Gesichtsausdruck so. Und manchmal kann ich es einfach nicht glauben, wie er meine Fragen beantwortet. Ich spüre, dass er mir ausweicht, das kann nicht die Wahrheit sein, was er sagt.
Allerdings, so musste ich zugeben, so viel besser bin ich auch nicht.
Fazit: Ich misstraue ihm und er mir wahrscheinlich auch.

Aber warum soll ich ihm vertrauen?
Sicherheitshalber misstrauen, ist das nicht sicherer? Man weiß ja nie, zumindest kann so nichts Schlimmes passieren. In gewissem Sinne schützt mich mein Misstrauen. Ihm zu vertrauen, das wäre ein Wagnis.
Wenn ich in meinem Leben zurückschaue, war ich da nicht manchmal zu vertrauensselig gewesen?
Gut, ich gebe zu, ich fühlte mich manchmal herausgefordert, ein Wagnis des Vertrauens einzugehen, und manchmal zurückhaltend zu sein mit dem Vertrauen. Aber wann war was dran?
Wenn ich nur Vertrauen leben würde, wenn ich nur Vertrauen leben könnte, das wäre natürlich traumhaft. Ich müsste keine Kraft verbrauchen, um mich zu sichern. Ich müsste keine Zeit verbrauchen, um mein Misstrauen zu prüfen. Und was wäre dann möglich an Zusammenarbeit? Unvorstellbares.

Aber wer soll den ersten Schritt gehen?
Wenn ich es mal probiere? Quasi mit angezogener Handbremse um rechtzeitig die Misstrauensscheibe vorzufahren?

Aber mal ehrlich, worauf soll es hinauslaufen? Grundsätzlich immer zu vertrauen? Ist so etwas möglich? Zumindest das Wagnis immer einzugehen. Und immer als erster?
Kann sich das lohnen?

Ich merke, solange ich nur an mich denke, wäre es ein Risiko, den Preis zu bezahlen, immer wieder mal betrogen zu werden. Solange ich nur an mich denke.
Wenn jeder nur an sich denkt, werden manche gewinnen und manche verlieren. Und so wird es für immer bleiben.

Je mehr ich mir diese Gedanken mache, umso mehr verspüre ich mich innerlich gespalten. Da ist eine Stimme, die diesen Gedanken Recht gibt, sie klingt klug, kann auf unzählige Erfahrungen hinweisen. Aber da gibt es einen anderen Teil in mir, im gewissen Sinne sprachlos. Ich gebe diesem Teil den Namen Sehnsucht. Sehnsucht nach wirklichem Leben, Sehnsucht nach Verbundenheit und Miteinander, nach gemeinsamen Lachen und gemeinsamen Weinen. Sehnsucht, nach einem Verständnis ohne Worte. Wo Blicke genügen, eine Sehnsucht, wo alleine die Anwesenheit eines anderen mir Stärke gibt und Frieden. Ja dieser Teil ist das Vertrauensland. Und der andere das Misstrauensland. Genau so ist es.

Wie soll ich mich entscheiden? Soll ich mich überhaupt entscheiden?

Plötzlich muss ich mir zugeben, dass ich in meinem bisherigen Leben keine positiven Erfahrungen verbucht habe, die im Misstrauensland gemacht wurden. Alle Siege dort haben in meiner Erinnerung einen faden Beigeschmack. Sie können unterm Strich als Plus verbucht werden, aber ich spüre, dass ich mich so selber betrüge.
Gibt es denn nichts in meinem Leben, das anders klingt?
Es war mir klar, dass ich jetzt auf die Spuren des Vertrauenslandes stoßen werde. Und tatsächlich, es gibt diese. Diese Erinnerungen sind hell und bunt und schön. Und voller Dankbarkeit.

Unterm Strich kommt vielleicht auch keine große Summe heraus, das ist mir klar, aber ich spüre auch, dass sich das nicht zusammen rechnen lässt, das ist eine andere Währung, die anders zählt.

Und mit einmal steht mir klar vor Augen, dass man diese beiden Länder nicht miteinander vergleichen kann.
Im Vertrauensland kann man nicht rechnen. Dort wird nicht mehr aufgerechnet.
Unser Vertrauensvorschuss ist immer umsonst.

Vertrauen, was bedeutet das?

Der Psychologe Petermann[2] beschreibt Vertrauen anhand dreier Kriterien:
Erstens, ich vertraue dem anderen, weil ich glaube, dass er für mich ist.
Zweitens, ich vertraue ihm, weil er die Wahrheit sagt, er sich als zuverlässig erwiesen hat.
Drittens, der andere ist für mich vorhersagbar, d.h. sein Verhalten, seine Standpunkte und Überzeugungen weisen eine Dauerhaftigkeit auf.
Alle drei Kriterien sind nötig, damit Vertrauen bleibt oder entsteht.

Wenn wir diese drei Kriterien in ihr Gegenteil verkehren, dann bedeutet Misstrauen, dass ich erwarte, dass mein Gegenüber gegen mich ist, dass ich damit rechne, dass er nicht die Wahrheit sagt und/oder dass ich mir nicht sicher sein kann, ob er zu dem dauerhaft steht, was er sagt, und dass er sich in Zukunft auch ganz anders verhalten könnte.
Eines dieser drei negativen Kriterien genügt schon, damit Misstrauen aufflackert.

In beides können wir uns als Lebenshaltung gut einfühlen:
In den Vertrauensmodus, indem wir Menschen gegenübertreten mit der Erwartung, dass sie nicht gegen uns sind, dass sie nicht lügen und dass wir uns auf sie verlassen können.
In den Misstrauensmodus, zu erwarten, dass der andere nicht für mich ist, dass er nicht die Wahrheit sagt und dass er unberechenbar für mich bleibt, zumindest eine Unsicherheit über seine Zuverlässigkeit besteht.

---

2 Petermann, Franz (1996): Psychologie des Vertrauens, Hogrefe-Verlag: Göttingen

Selbstverständliches Vertrauen

Die meiste Zeit unseres Lebens leben wir im Vertrauensmodus, ohne dass uns dies ständig bewusst ist. Wenn ich in mein Auto steige, dann vertraue ich, dass es so fährt, wie es vorher gefahren ist, ohne darüber nachzudenken. Wenn ich in einer Gaststätte eine Mahlzeit zu mir nehme, dann vertraue ich, dass dieses Essen nicht verdorben oder sogar vergiftet ist. Wenn ich auf der Autobahn fahre, dann vertraue ich, dass keiner der anderen Autofahrer bewusst einen Unfall bauen will, usw.

Selbstverständliches Misstrauen

Wir wissen aber auch, dass nicht alle Lebensbereiche und nicht alle Lebenszeiten von Vertrauen geprägt waren und sind.

Zum Beispiel haben wir gelernt, bestimmten Menschen und bestimmten Situationen zu misstrauen. Als Kind wurde mir beigebracht: „Traue keinem Fremden." Als junger Erwachsener kursierte unter uns der Spruch „Traue niemand über 30".

Allgemein können wir sagen, dort, wo wir mit Menschen unangenehme Erfahrungen gemacht haben oder diese uns vorausgesagt werden, dort, wo wir enttäuscht worden sind, wo wir verraten wurden, zeigen wir Misstrauen.

Dieses Misstrauen kann sich auch auf andere Situationen und andere Menschen übertragen. Irgendwelche Signale am anderen oder in bestimmten Situationen aktivieren misstrauische Bewertungen oder erinnern uns an andere Personen, mit denen wir negative Erfahrungen gemacht haben, ohne dass uns das bewusst wird.

Die wichtige Basis des Vertrauens

Wo es auf Kooperation und Zusammenarbeit ankommt – und wo kommt es nicht darauf an? – werden wir im Misstrauensmodus unsere Ziele nur schwer erreichen und damit nur kleine Schritte gehen können. Angst, gepaart mit Misstrauen, bietet kein gutes „Geschäfts- oder Beziehungsklima".

Kooperation, ein Miteinander und nicht ein Gegeneinander, ist nötig in der Familie, zwischen Eltern und Kindern, zwischen Kollegen am Arbeitsplatz, zwischen Mitarbeitern und Vorgesetzten, zwischen Firmen und Institutionen, zwischen Völkern und Nationen.
Und langfristig hat es sogar einen Wert und macht Sinn, auch dort im Vertrauensmodus zu verbleiben, wo es zunächst nicht um Kooperation geht, wo zumindest teilweise Kampf angesagt ist, wo wir lernen müssen, wie wir unsere Feinde lieben.

Wenn wir uns an Vertrauenssituationen erinnern, wenn wir uns Menschen vergegenwärtigen, denen wir kindlich vertrauen, dann fühlen wir uns entspannt, angstfrei und offen für das, was gerade ansteht.
Einander vertrauen setzt Synergien frei, d.h. jeder kann seinen Beitrag einbringen und es kommt dabei mehr heraus als die Summe der Einzelnen.

Ein Raum von Vertrauen ermutigt uns „zu lachen mit den Lachenden" und „zu weinen mit den Weinenden."

Vom Wagnis des Vertrauens und von der Zurückhaltung darin

Das Phänomen des Vertrauens soll anhand eines so genannten Polaritätenmodells, näher beschrieben werden. Dieses Polaritätenmodell, das auf Schulz von Thun[3] zurückgeht, geht davon aus, dass sich ein Phänomen am besten durch zwei entgegengesetzte gesunde Pole beschreiben lässt und jeder dieser Pole besitzt eine Übertreibung, also eine negative Ausprägung. Im konkreten Leben soll sich unser Handeln in der Dynamik innerhalb der gesunden Spannung zwischen den Polen bewegen.

Ein Beispiel:
Es wird später eine Aufgabe sein, in der Kunst, ein verbindendes Nein zu sagen, zu einem schlichten, einfachen Ja und einem schlichten, klaren Nein zu finden. Das sind zwei gesunde Pole unseres Lebens. Doch es gibt noch die Übertreibung des Jas, ein „Ja – um jeden Preis“ oder, ein „Immer Ja-Sagen“. Die ungesunde Übertreibung des Neins wäre „Nein, auf keinen Fall“ oder „Immer Nein“. Bin ich gefangen in einem „Immer Ja-sagen“ oder einem „Ja – um jeden Preis“ dann, so rät das Polaritätenmodell, sollte ich die gegenseitige Tugend, das Nein-Sagen üben, um aus dieser Gefangenschaft herauszukommen. Umgekehrt, bin ich gefangen in einem „Immer Nein-sagen“, dann muss ich das Gegenteil, das Ja-sagen einüben, um zu einem gesunden Nein zu finden.

Für ein Leben im Vertrauensmodus ist es nun wichtig, in der Dynamik des Vertrauens zuhause zu sein. Dies heißt weder in einer Dynamik zwischen Vertrauen und Misstrauen, noch in einem starren Verhalten von Vertrauen.

---

3 Die Gedanken Schulz von Thuns wurden in dem IGNIS-Werkstattblatt Nr. 14 Ulrike Lang und Werner May *„Auf beiden Seiten vom Pferd fallen“ – Vom lebendigen Rhythmus: Das Polaritätenmodell* weiterverarbeitet.

Was könnten die beiden gesunden Pole des Vertrauens sein?
Der eine Pol soll als „Das Wagnis des Vertrauens“ benannt werden und der andere als „Die Zurückhaltung mit Vertrauen“. Damit lässt sich eine realitätsnahe Spannung des Vertrauens in unserem Leben ausdrücken.

Neben dem gewohnten, selbstverständlichen Vertrauen ist es immer wieder nötig, das Wagnis des Vertrauens einzugehen, einen Vorschuss an Vertrauen zu gewähren. Gleichzeitig ist es wichtig, nicht blind zu vertrauen, sondern sich in bestimmten Situationen mit dem Vertrauen Zeit zu lassen und zurückhaltend zu sein.
Eine Freundin aus den USA ist es gewohnt, beim Shopping immer in Tuchfühlung zu ihrer Handtasche zu bleiben. Sie muss ein Wagnis des Vertrauens eingehen, einmal die Hand wegzunehmen, wenn ich ihr versichere, dass dies in unserer Stadt nicht nötig ist. Ich dagegen sollte in den Großstädten der USA mit diesem Vertrauensschritt zurückhaltend sein.

Was wären nun die Übertreibungen?
Die Übertreibung „des Wagnisses des Vertrauens“ kann als „Vertrauensseligkeit“ bezeichnet werden, ein unkritisches, blindes Vertrauen gegenüber jedermann und allem. Die andere Seite, die Übertreibung „Der Zurückhaltung im Vertrauen“, wäre das „Misstrauen“.
Die Dynamik des Polaritätenmodells empfiehlt, wenn ich im Leben viel mit Misstrauen zu kämpfen habe, dass ich lernen muss, den gegenteiligen, gesunden Pol „Das Wagnis des Vertrauens“ immer wieder einzugehen. Bin ich dagegen, gekennzeichnet von einer Vertrauensseligkeit, dann sollte ich „die Zurückhaltung mit Vertrauen“ einüben.

Selber eine Vertrauensperson werden
Die bekannte goldene Regel sagt aus, dass ich das, was ich erwarte, was andere mir nicht tun sollen, ihnen auch nicht tue. Oder positiv ausgedrückt, so wie es im Evangelium zu finden ist, das, was ich von anderen erwarte, das soll ich ihnen auch tun.
Auf unser Thema bezogen: Wenn wir lernen wollen, im Vertrauensmodus zu leben, dann gehört dazu, selbst eine vertrauenswürdige Person zu werden.

Die Eigenschaften einer vertrauenswürdigen Person können nicht in einem schnellen Lernprozess antrainiert werden, sondern es benötigt ein langfristiges Reifen und Heilwerden.

Was kennzeichnet eine Vertrauensperson?
Wenn ich mich in meinem Bekanntenkreis umhöre, ob man mich für eine vertrauenswürdige Person hält, bekomme ich spontane Zustimmungen, aber auch zögerliche Reaktionen, je nachdem, welche Erfahrungen die Befragten mit mir gemacht haben.

Worauf muss ich achten, wenn ich eine Vertrauensperson werden will?

- Ich kann dem anderen vermitteln, dass ich für ihn bin. Das wird wahrscheinlich heißen, dass ich ihm gemeinsame Zeit schenke und versuche, ihn zu unterstützen.
- Er kann mich beobachten, wie ich andere vertrauenswürdig behandle, indem ich z.B. über Abwesende nur so rede, wie ich es in deren Gegenwart tun würde. Das gibt ihm eine Sicherheit, dass ich mich ihm gegenüber auch so verhalten würde.
- Ich werde versuchen, die Wahrheit zu sagen, bzw. mich korrigieren, wenn ich lüge oder übertreibe. Selbst achte ich darauf, möglichst zu dem zu stehen, was ich sage und verspreche, bzw. rechtzeitig auf Än-

derungen aufmerksam zu machen, wenn ich etwas nicht einhalten kann.

- Voraussetzung dafür ist natürlich, dass ich mich anderen zeige, mich mitteile, was ich denke und fühle, was meine Meinungen sind.
- Der andere soll verspüren, dass ich ein Mensch bin, der sich für sein Verhalten verantwortet, auch sich seinem Gewissen und Gott gegenüber verpflichtet weiß.

Eine vertrauenswürdige Person zu werden, stellt neben der Kunst des verbindenden Neins eine weitere lohnenswerte Lebensaufgabe dar. Sie beginnt mit unserer Entscheidung dafür, das von Herzen werden zu wollen und mit der Bitte an Gott, uns darin Gelingen zu geben.

Vom Misstrauensmodus in den Vertrauensmodus

Da kein Mensch, also auch wir, 100 %-ig vertrauenswürdig ist, scheint es nötig zu sein, aus dem Misstrauensmodus auszusteigen, bevor wir selbst ausreichend vertrauenswürdige und vertrauende Menschen geworden sind. Nur so kann der Teufelskreis des Misstrauens durchbrochen werden hin zu einem Segenskreis des Vertrauens. Fangen wir heute damit an.

Der Prozess des Umsteigens vom Misstrauensmodus in den Vertrauensmodus folgt einer gewissen inneren „Logik".

1. Ich akzeptiere, dass ich mich bisher im Misstrauensmodus bewege

Ausgangspunkt ist, dass wir dies akzeptieren und zugeben, wenn wir uns selbst im Misstrauensmodus befinden.
Dies kann überall dort der Fall sein, wo Konflikte, unterschiedliche Vorstellungen darüber, wie etwas sein soll, oder Interessenskonflikte vorliegen, zum Beispiel im pädagogischen Alltag zwischen Eltern und Kindern, zwischen Vorgesetzten und Mitarbeitern, zwischen Ehepartnern, deren Beziehung belastet ist.
Hier müssen wir uns fragen, ob wir glauben, dass der andere für mich oder zumindest nicht gegen mich ist. Glaube ich, dass der andere nicht lügt? Glaube ich, dass der andere zu dem steht, was er verspricht? Wenn es nicht so ist, dann befinde ich mich im Misstrauensmodus.

2. Ich verlasse den Misstrauensmodus

Der nächste logische Schritt fordert, selbst den Misstrauensmodus zu verlassen und in den Vertrauensmodus zu wechseln. Das heißt in Konsequenz, dass ich auf alle Erklärungen des Misstrauensmodus verzichte, sowie alle Strategien des Misstrauensmodus beiseite lege. Ich verzichte auf Schuldzuweisungen, ich verzichte auf Feindbilder, ich verzichte auf Vorurteile, ich verzichte auf Unterstellungen, ich verzichte auf Selbstrechtfertigungen.

So etwas kann mir nicht alleine gelingen. Es wird sicher nötig sein, dass mir jemand (ein Freund, ein Seelsorger, ein Berater, ein Mentor,…) zu diesen Einsichten verhilft, mich auf blinde Flecken, auf Vorurteile und falsche Einschätzungen aufmerksam macht.
Es wird wohl zusätzlich nötig sein, dass ich mich selbst innerlich gesichert und gehalten weiß, um den Schritt gehen zu können, auf alles Bisherige, was mich geschützt hat, was mich als den Guten hinstellt, zu verzichten. Wenn ich in den Vertrauensmodus wechsle, lege ich im gewissen Sinne meinen Misstrauensschutzpanzer ab und meine Waffen beiseite und mache mich damit ohne Zweifel verletzbarer.
Eine Alternative zum Misstrauensschutz, eine neue, echte Sicherheits- und Schutzerfahrung, kann das Aktivieren bestehender verlässlicher Beziehungen sein und das Gehaltensein in der Glaubensdimension der Gegenwart des liebenden und schützenden Gottes. Suche ich zum Beispiel eine konfrontierende Aussprache mit meinem Vorgesetzten, tut es gut zu wissen, dass Freunde mich dazu ermutigt haben, diesen Schritt zu gehen und vor allem, dass ich meine Ängste und Unsicherheiten für so ein Gespräch im Gebet Gott bringen kann und Vertrauen habe, dass er aktiv und unterstützend bei mir ist.

3. Auch der andere sehnt sich nach Vertrauen

Nach dem Verlassen des Misstrauensmodus ist es unbedingt nötig, in der „Philosophie des Vertrauensmodus“ zu wachsen und dieser in jeder Situation zuzustimmen. Der Kern dieser „Philosophie“ ist, dass jeder Mensch, ob mein Kind, mein Ehepartner, mein Chef, mein Konkurrent, sich nach Vertrauen sehnt. Jeder sehnt sich danach, geliebt zu sein, angenommen zu sein und die Angst des Lebens nachhaltig zu reduzieren.

Jeder sehnt sich nach einem angstfreien Leben in Verbundenheit, mit anderen verbunden zu sein, nicht alleine zu bleiben, nicht isoliert zu sein, sondern in dieser Verbundenheit seinen Platz und seine Aufgaben zu haben. Wir sehnen uns nach einer Ein- und einer Zuordnung. Wohin gehöre ich und was ist dort mein Platz, sind grundlegende Fragen und Sehnsüchte des Herzens. Diese Sehnsucht glaube ich auch für den anderen.

Wir haben also jetzt den Misstrauensmodus verlassen und sind in den Vertrauensmodus gewechselt. Wir haben uns entschieden, misstrauische Gedanken zurückzuweisen, misstrauische Erklärungen oder Beschreibungen unserem Ehepartner, Kollegen oder unserem Kind gegenüber. Wir habe angefangen im Vertrauensmodus zu leben, auf Vorwürfe und Anklagen zu verzichten. Wir haben Verantwortung für die nächsten Schritte übernommen, die gegangen werden müssen. Wir wissen von der Sehnsucht nach Vertrauen unter uns.
Gleichzeitig, und das ist nun der nächste wichtige Punkt in der Dynamik des Umstiegs vom Misstrauen zu Vertrauen, bleiben wir dem anderen gegenüber in einer gewissen Distanz, solange dieser nicht selbst in den Vertrauensmodus gewechselt ist. Darüber gibt es gleich mehr zu sagen.

4. Ich motiviere zum Umstieg

Neben dem eigenen Verzicht auf die Strategien des Misstrauensmodus, geht es weiterhin darum, den andern zu motivieren, selbst in den Vertrauensmodus zu wechseln.[4] Zunächst kann es hilfreich sein, sich mit dem anderen grundsätzlich über die Qualität des Miteinanders auszusprechen, entweder zu zweit oder mit der Hilfe eines Dritten, eines Mediators.

---

4 Die im zweiten Teil dargelegte Kunst des verbindenden Neins ist eine häufig gegebene Einladung zum Umstieg in den Vertrauensmodus. Dazu dann mehr.

Bei der Einladung in den Vertrauensmodus, ist es sinnvoll, wenn ich selbst in diesem Beziehungsgefüge meinen Platz einnehme, verbunden mit den Rechten und Pflichten, die dieser mir zugesteht. Das schafft zumindest eine stabilisierende Ordnung, die übermäßige Unsicherheiten reduzieren kann.
Ein Beispiel: Vertraut mir mein Ehepartner nicht, dass ich mit Geld verantwortungsvoll umgehen kann, dann werde ich aufhören, es ihm verzweifelt zu beweisen, stattdessen aber Transparenz in finanziellen Angelegenheiten zeigen und im sonstigen gemeinsamen Leben Zuverlässigkeit.

5. Warten lernen

Eine schwierige Lektion, die es an diesem Punkt zu lernen gilt, ist das Warten. Warten lernen, bis der andere von sich aus in den Vertrauensmodus wechselt. Warten lernen, die Distanz auszuhalten, auch zu einem Menschen, der mir wichtig oder lieb sein kann. Warten lernen, heißt verstehen, was es für den anderen bedeutet, dass ich in Distanz bleibe. Warten lernen, bis sich so genannte Friedenszeiten anbieten, in denen ich den anderen motivieren kann, in den Vertrauensmodus zu wechseln. Warten lernen und vertrauen, dass sich tief im anderen etwas nach dem Vertrauensmodus sehnt.
Es besteht die Gefahr, das Ziel, dass der andere erst in den Vertrauensmodus wechseln soll, aus dem Auge zu verlieren und sich stattdessen immer wieder auf Veränderungsprozesse einzulassen, die aber nicht weiterbringen, weil einer noch im Misstrauensmodus verharrt.
Wenn ich also zurückhaltend bleibe, mich nicht mehr ohne gemeinsam im Vertrauensmodus zu sein, auf Lösungsversuche einlasse, wird dies den anderen irritieren. In diesem Status unserer Beziehung geht es aber nicht um eine Verhaltensänderung des anderen oder um die gemeinsame Zielerreichung, sondern um den Beginn einer Vertrauensbeziehung.

Ein Beispiel: Die Beziehung zwischen einem Vorgesetzten und einem Abteilungsleiter bewegt sich im Misstrauensmodus. Das Thema Überstunden ist ein ständiges Reizthema. Der Vorgesetzte denkt, dass sein Mitarbeiter seine Aufgaben vernachlässigt und nur an korrekter Arbeitszeit interessiert ist. Der Mitarbeiter wiederum fühlt sich nur ausgenutzt und nicht in seiner Aufgabe unterstützt.

Wir konstruieren einmal, der Vorgesetzte entscheidet sich aus dem Misstrauensmodus auszusteigen. Er vergegenwärtigt sich all die positiven Erfahrungen mit dem Mitarbeiter, die er wegen des Konflikts vergessen hatte. Er entscheidet sich, an die Motivation und Qualität des Mitarbeiters wieder zu glauben.

Aber er ist sich gleichzeitig darüber im Klaren, dass auch der Mitarbeiter erst in den Vertrauensmodus wechseln sollte, bevor man wieder über Arbeitszeiten diskutiert. So wird er dieses Thema bis auf weiteres vermeiden, also in Distanz dazu gehen.

6. Friedenszeiten nutzen

Vor allem in Friedenszeiten, also Zeiten, wo die Beteiligten emotional ausgeglichen sind, eine Atmosphäre besteht, in der sie miteinander reden und einander zuhören können, ist es geraten, zu wagen, über die gemeinsame Beziehung zu sprechen.

Friedenszeiten sind frei von unangenehmen Emotionen. Wir sind konfliktfern, so könnte man sagen, und verfügen im Augenblick über genügend Zeit.

In solchen Friedenszeiten wiederhole ich die Einladung, in den Vertrauensmodus zu wechseln, für- und miteinander an die Konfliktsache heranzugehen.

Da sich jeder nach diesem Vertrauensmodus sehnt und ich warten gelernt habe, wird irgendwann, – was mehr oder weniger lang dauern mag –, der andere in den Vertrauensmodus wechseln.

Woran erkenne ich, dass der andere auch in den Vertrauensmodus gewechselt hat?
Der andere hat dann meine Einladung zu vertrauen angenommen, wenn ich verspüre, dass er mir zuhört, dass er von sich aus eigene Beiträge liefert und es wagt, Schwächen oder Fehlverhalten – ein Stück weit zumindest – zuzugeben.

Die gemeinsame Suche nach Lösungen fühlt sich anders an als im Misstrauensmodus, sie ist konstruktiver, sachlicher, kompromissbereiter.
Befinden wir uns beide im Vertrauensmodus, dann greifen die üblichen Regeln des Kooperierens, sich über unterschiedliche Positionen auszutauschen und nach gemeinsamen Lösungen zu suchen, viel leichter als im Misstrauensmodus. Es können Vereinbarungen getroffen werden über Veränderungsschritte. Gegenseitige Ermutigung ist möglich und wird ernst genommen.

Innerer Monolog II:

Verbindendes Nein-Sagen

Wenn ich mir mein aktuelles Vertrauensland etwas näher anschaue, wo sind die saftigen Wiesen oder erfrischenden Seen, wo ist viel Sonne? Dieses Vertrauensland sieht anders aus als in meinen Träumen oder Erwartungen.

Und immer wieder kommt Wind auf, zu meiner Überraschung. Sogar häufiger, als ich es mir gewünscht hätte, unangenehmer Wind. Das erschreckt mich, zerrt mich ins Misstrauensland.
Was geht hier vor?

Ich merke, das Vertrauensland ist ein Land, in dem es gilt, Standpunkte zu beziehen. Und zu diesen zu stehen. Das macht Wind, ohne Zweifel.
Standpunkte will ich gerne haben, aber es wäre so schön, wenn alle sie mit mir teilen würden.
Wäre das wirklich schön? Wäre das wirklich Leben? Dann wären wir ja alle gleich. Dann könnte keiner mich ergänzen, dann könnte keiner mich korrigieren
und keiner mich schützen.

Dem unangenehmen Wind kann ich jetzt einen Namen geben, es sind die Grenzen mit ihrem Ja und Nein.
Ohne Nein kein Ja. Kein Ja ohne Nein.
Diese Erkenntnis steht mir klar vor Augen.
Das macht Wind. Das gibt Sturm.
Und manchmal weht es wirklich richtig heftig, orkanartig.

Das Nein, ein Ort des Vertrauens und des Misstrauens

Eines wird von Anfang an nötig sein, in Konfliktzeiten, in Friedenszeiten wie auch jetzt, wo wir beide uns im Vertrauensmodus eingefunden haben, es wird immer wieder nötig sein, ein verbindendes Nein zu sprechen.

Das Nein, das wir im Prinzip ständig sprechen, – denn jedes Ja ist die Rückseite oder Vorderseite eines Neins –, dieses Nein, trägt ein doppeltes Gesicht: Es kann als ein Wort des Vertrauens gesprochen und erlebt werden oder als ein Wort des Misstrauens.
Dieses Doppelgesicht des Neins kann anhand von Psalm 139, Vers 5 illustriert werden: „Von allen Seiten umgibst du mich und hältst deine Hand über mir."
Das ist ein Wort der Geborgenheit und des Schutzes.
Schauen wir uns diesen Vers nicht in der Übersetzung von Martin Luther, sondern in der von Martin Buber an[5]: „Hinten, vorn engst du mich ein, legst auf mich deine Faust."
Wahrscheinlich stellen sich jetzt anstelle von Geborgenheit, Gefühle der Bedrohung, der Einengung oder der Ausweglosigkeit ein.
Beide Gefühlsmomente, Geborgenheit und Bedrohung, können bei jedem Nein entstehen, wenn auch manchmal nur im Ansatz, manchmal mit der inneren Entscheidungsmöglichkeit für eines der beiden Grundgefühle. Deshalb sprechen wir vom Doppelgesicht des Neins.
Nein sprechen, als Schutz oder als Drohung?
Nein hören, als Schutz oder als Drohung?
Schutz oder Drohung, das ist nicht immer klar gegeben, vermischt sich in konkreten Beziehungssituationen. So würden wir am liebsten überhaupt kein Nein sagen.

---

5 Beide Übersetzungen sind vom hebräischen Grundtext her legitim.

Aber die Kunst des verbindenden Neins kann die Synthese schaffen.

Das Nein als ein Ort des Misstrauens

Verwirrend viele Gefühle und Gedanken können mit dem Nein-Sagen verbunden sein: Verunsichert, welches Nein wann, wie dran ist, Ängste, die Selbstbeherrschung zu verlieren und wegen Überforderung, zornig zu werden, Hilflosigkeit, weil man sich letztlich doch nicht durchsetzen kann oder dies erwartet. Grundsätzlich Angst vor Ärger und Beziehungsstress.

Warum ist das so?

Eine Ursache ist in unserer Nein-Biografie zu suchen. Wir alle besitzen eine lebenslange Geschichte mit dem Nein, wie uns selbst Nein gesagt worden ist, als Kind, als Jugendlicher, als Erwachsener, und welche Erfahrungen wir gemacht haben, als wir selbst Nein gesagt haben. Diese Erfahrungen werden individuell ganz unterschiedlich sein.

Nicht mit jedem aktuellen Nein, das wir heute setzen, aber mit bedeutsamen Neins werden diese Erfahrungen mehr oder weniger wieder aktiviert.

Und wie haben sich die anderen verhalten, wenn ich nein gesagt habe, vor allem Autoritätspersonen wie meine Eltern? Missachtend? Verspottend? Wurde ich ausgelacht? Wurde ich ernst genommen? Wurde mit Gewalt geantwortet?

Solche und ähnliche Erfahrungen können dazu führen, dass es mir schwer fällt, Nein zu sagen, dass ich zu einem Ja-Sager geworden bin, weil ich all diese negativen Gefühle vermeiden möchte.

Unser Problem mit dem Nein-Sagen ist also in unserer Vergangenheit verwurzelt. Dies geht sogar über unsere persönliche Lebenszeit hinaus. Folgen wir dem Schöpfungsbericht der Bibel, dann schaffte das erste Nein schon Probleme. Über dem Paradies stand das Ja Gottes, nur zu dem Baum der Erkenntnis hatte Gott sein Nein gesprochen. Und sofort konnte um dieses erste Nein herum Misstrauen entstehen: Sollte Gott uns etwas vorenthalten wollen?
Jedes Nein ist eine Grenze, und was hinter dieser Grenze liegt, ist für uns nicht zugänglich und wird dadurch in irgendeiner Weise auch attraktiv.
So ist das Problem mit dem Nein in der Schöpfung existentiell eingebaut. Das Nein als Ort des Misstrauens besitzt biografische Wurzeln, aber darüber hinaus auch existentielle. Es ist zu erwarten, dass jedes bedeutsame Nein sich als ein Ort des Misstrauens anbietet.

Das Nein als ein Ort des Vertrauens
Gott wollte mit diesem ersten Verbot sicher nicht Misstrauen säen. Sein ganzes Wesen ist Schutz, Weisheit und Versorgung, mit einem Wort: Liebe.
So können wir folgern, dass sein Nein ein Ausdruck von Liebe war und einen Ort des Vertrauens öffnet.

Jedes Nein erfüllt als Grenzsetzung eine dreifache Funktion, wie wir am Beispiel der Leitplanken einer Autobahn sehen: Sie geben uns Orientierung, wo der Weg verläuft. Sie schützen uns, wenn wir in der Gefahr stehen, vom Weg abzukommen. Und sie schützen andere vor uns, bzw. schützen uns vor anderen, wenn wir oder diese vom Weg abgekommen sind. Somit verdienen Grenzen unser Vertrauen.
Erinnern wir uns an die Martin Luther Übersetzung von Psalms 139, 5: „Von allen Seiten umgibst du mich und hältst deine Hand über mir.“ Geborgenheit und Schutz kommt uns entgegen, das ist die vertrauensbildende Seite des Neins. Ich weiß, woran ich bin.

Jemand der nur Ja sagt, kann keine vertrauenswürdige Person für mich sein. Er würde mich auch in den Straßengraben fahren lassen.
Dennoch ist zu erwarten, dass bei jedem Nein auch der Aspekt der Bedrohung und der Einengung mitschwingt, wenn auch in unterschiedlichem Ausmaß. Deshalb müssen wir lernen, ein Nein zu sprechen, das zum Vertrauen einlädt, auch wenn es Misstrauens weckt.
Ja, dem Nein-Sagen kommt sogar eine zentrale Funktion zu auf dem Weg vom Misstrauensmodus in den Vertrauensmodus.

Im Alltag gibt es viele Neins, die uns kaum in den Konflikt zwischen Vertrauen und Misstrauen führen und andere Neins, die scheinbar nur Misstrauensreaktionen zulassen. Es hängt ganz davon ab, wer wann wozu Nein sagt. Wenn meine Beziehung zu dieser Person belastet ist, steigt das Risiko, dass jedes Nein zu einem Misstrauensgefühl führt. Wenn ich um das, was ich haben möchte, was ich tun möchte, Angst habe, dann steigt wiederum das Risiko. Und wenn ich müde bin, gestresst bin, meine innere Haut dünn geworden ist, auch dann steigt das Risiko, dass das Nein zu einem Ort des Misstrauens wird. Und so geht es auch dem, der sich noch im Misstrauensmodus bewegt.

Das Nein-Sagen zwischen Misstrauen und Vertrauen ist eine häufige Gelegenheit zu einem persönlichen Heilungsprozess unserer Nein-Biografie und um vom Misstrauensmodus in den Vertrauensmodus zu wechseln.
Auch wenn ich mich selbst schon im Vertrauensmodus befinde und mein Gegenüber sich noch im Misstrauensmodus aufhält, wird mein Nein eine Gelegenheit bieten, ihn vom Misstrauen in den Vertrauensmodus zu führen, ihn zumindest einzuladen.

Es gibt verschiedene Grenzen, die alle ihren Sinn machen

Jedes Nein setzt eine Grenze in unseren zwischenmenschlichen Beziehungen.
In der Pädagogik sprechen wir zum Beispiel von drei Arten von Grenzen:
Grenzen im Hinblick auf die Sicherheit der Kinder, Grenzen, die mit den Bedürfnissen der Eltern zusammenhängen, und Grenzen, die Wertvorstellungen ausdrücken.

Sicherheitsgrenzen
Sicherheitsgrenzen wollen den anderen, also unsere Kinder, schützen. Umfragen haben ergeben, dass es uns am leichtesten fällt, ein Nein als Ausdruck einer Sicherheitsgrenze zu sprechen. Es ist eine Aufgabe der Eltern, ihre Kinder zu schützen.
Gibt es eine Gefahr dieser Grenze? Diese Art von Grenze ist gefährdet, die Kinder überzubehüten. Deshalb ist es wichtig, sich zu fragen, wovor man die Kinder schützen möchte, die konkrete Gefahr benennen und überprüfen, ob sie wirklich zutrifft.

Bedürfnisgrenzen
Grenzen, die mit den Bedürfnissen der Eltern zusammenhängen, fallen nach unseren Umfragen den meisten am schwersten. Es fällt uns schwer, eigene Bedürfnisse zu erkennen, zu formulieren und auch dazu zu stehen.
Als Christen werden wir zudem aufgefordert, unser Leben zum Wohle des anderen einzusetzen, was dazu führen kann, dass wir unsere eigenen Bedürfnisse überhaupt nicht kennen, ja sogar, dass wir es uns verbieten, eigene Bedürfnisse zu haben oder diese als schlecht bewerten.
Dagegen haben wir ein doppeltes Recht, unser Leben zu leben und zu gestalten oder es aus Liebe zurückzustellen.

Wertegrenzen
Grenzen, die mit Wertvorstellungen zusammenhängen, beginnen in der Regel mit dem Satz, „Ich finde es wichtig, dass…“. Solche Wertegrenzen zu setzen, scheint uns auch nicht so schwer zu fallen. Doch da wir unterschiedliche Werte haben und diese unterschiedlich begründen, können manche Wertekonflikte, nicht nur mit Teenagern, ganz schön eskalieren. Es ist hier gefordert, den anderen zu hören und offen zu sein. Es lohnt, sich einmal auf die Werte und Überzeugungen eines anderen einzulassen, diesen erzählen zu lassen und zu erkennen, was der andere denkt, empfindet und wie wertvoll dies für ihn ist.

Diese Einteilung von Grenzen, die nicht nur für die Erziehung gilt und eine genaue Auseinandersetzung, was mir in welcher Grenze wichtig ist, hat auch Sinn für das verbindende Nein-Sagen. Je mehr Klarheit ich in mir finde, welche Grenzkonflikte sich in den ständigen Nein-Konflikten abspielen, je mehr Überzeugung ich in mir trage, dass mein Nein für mich und für den anderen gut ist, je sensibler ich für die Schwachstellen des Neins bin, umso mehr werde ich zu einem Nein-Sagen finden, das ein Ort des Vertrauens sein kann.

Eine andere, für das Nein-Sagen ebenfalls hilfreiche Einteilung hat der Kinderpsychiater Franz Resch[6] in Bezug auf psychische Grenzen vorgestellt. Er spricht von der Wahrnehmungsgrenze, der Aufmerksamkeitsgrenze, der Betroffenheitsgrenze und der Alarmgrenze.

6 Resch, Franz (1996): Entwicklungspsychopathologie des Kindes- und Jugendalters, Beltz: Weinheim

Ein Beispiel:
Stellen Sie sich vor, Sie laufen auf dem Bürgersteig einer Straße. Wenn Sie nach vorne blicken, taucht dort irgendwann eine andere Person auf, die Ihnen entgegenkommt. Diese Person wäre im Prinzip schon vorher für Sie sichtbar gewesen, aber erst jetzt ist sie für Sie über die Wahrnehmungsgrenze getreten.

Nach einiger Zeit merken Sie nicht nur, dass diese Person näher kommt, sondern Sie fragen sich, ob Sie diese Person kennen, ob Sie vielleicht lieber die Straßenseite wechseln sollten oder irgendetwas anderes. In diesem Augenblick hat die Person Ihre Aufmerksamkeitsgrenze überschritten. Sie sehen sie nicht nur, sondern diese Person ist in einen Raum, in eine Interaktionszone der Beteiligung getreten. Normalerweise wird diese Person dann an Ihnen vorbeigehen und recht bald wieder die Aufmerksamkeitsgrenze und dann die Wahrnehmungsgrenze verlassen und aus Ihrer inneren Welt verschwinden.

Stellen wir uns aber jetzt vor, diese Person bleibt bei Ihnen stehen und fragt, ob Sie eine Gelegenheit wissen, wo man günstig übernachten könnte. Jetzt hat sie die Betroffenheitsgrenze überschritten. Sie müssen sich mit dieser Person beschäftigen. Sie müssen entscheiden, ob Sie ihr Zeit zur Verfügung stellen, und sich auch Mühe geben, über eine Antwort nachzudenken. Diese Person wird sich dann für Ihre Antwort bedanken und die Betroffenheitsgrenze, die Aufmerksamkeitsgrenze und die Wahrnehmungsgrenze wieder verlassen.

Sie könnte jedoch noch einen Schritt weiter gehen, falls sie, nachdem Sie ihr den Weg zum nächsten Hotel erklärt haben, fragt, ob Sie mit ihm oder ihr nicht noch eine Tasse Kaffee trinken wollen. Hier ist diese Person dabei, die Alarmgrenze zu überschreiten, höchstwahrscheinlich fühlen Sie sich bedroht. Ende des Beispiels.

Resch bezeichnet diese Grenzen als die Grenzen unserer inneren Welt. Und es ist notwendig für uns zu erlernen, diese Grenzen in Freiheit und vertrauensbildend durch unser Nein zu setzen und sie natürlich auch beim anderen zu achten.

Stellen wir uns vor, bei einer Party stehen Sie mit einem alten Bekannten zusammen und tauschen sich über frühere gemeinsame Zeiten aus. Plötzlich tritt eine dritte Person einfach hinzu und stört hiermit ihre Zweisamkeit. Hätten Sie die Freiheit, dieser Person höflich mit Nachdruck zu verdeutlichen, dass sie doch bitte wieder einige Schritte zurücktreten soll, damit Sie ihr Gespräch noch ungestört fortsetzen können?
Das mag ein harmloses Beispiel gewesen sein, aber wir können uns durchaus vorstellen, dass es Situationen gibt, wo wir Nein sagen müssen, weil Menschen unsere Grenzen überhaupt nicht respektieren, einfach über unsere Wahrnehmungsgrenzen latschen, unsere Aufmerksamkeit beanspruchen und Zeit stehlen, Stress machen oder uns sogar bedrohen.
Und wir müssen wissen, dass anderseits manche Menschen, aufgrund bedrohlicher bis traumatischer Erfahrungen ihre Alarmgrenze ganz weit draußen setzen, ja sogar so weit draußen, dass im Prinzip jeder Mensch an diese Alarmgrenze anklopft.

Das Nein macht Sinn
Jede Grenze und jedes Nein macht mehr oder weniger Sinn.
Für die Kunst des verbindenden Neins brauchen wir die innere Überzeugung, dass mein Nein für mich und für den anderen gut ist. Zu dieser Überzeugung werde ich vor allem dann kommen, wenn ich nach dem Sinn der Grenze frage. Warum sage ich eigentlich Nein? Warum stelle ich diese Grenze auf?

Wenn ich eine bestimmte Zeit vereinbart habe, zu der meine heranwachsende Tochter am Abend zuhause sein soll, dann habe ich diese Zeit nicht vereinbart, weil man halt bis 22.00 Uhr oder 23:00 Uhr zuhause ist, sondern weil ich damit ganz bestimmte Ziele verfolge. Gründe könnten sein, dass ich in Ruhe schlafen will, dass es Gesetze gibt, die verbieten, dass ein Kind in diesem Alter noch alleine unterwegs ist, – und diese Gesetze schützen es –, oder dass mein Kind am nächsten Tag ausgeschlafen sein soll.
Jede Grenze, jedes Gebot, jede Regel sollte einen Sinn haben, den es zu vermitteln gilt.

Was ist der Sinn einer Geschwindigkeitsbegrenzung (30 km/h) in einem Wohngebiet? Sicher nicht, dass die Polizei Bußgelder kassiert und ich die Geschwindigkeit nur einhalte, wenn eine Radaranlage in Sichtweite ist. Nein, der Sinn dieser Verkehrsregel ist, den Lärmpegel für die Anwohner zu senken, die Unfallgefahr zu reduzieren, behinderten Mitmenschen das Überqueren der Straße zu erleichtern,... das alles sind die sinngebenden Gründe dieses Gebotes, die in mir anspringen sollen, wenn ich so eine Straße befahre.

Friedenszeiten nutzen

Diese Gründe werden in aktuellen Konfliktsituationen nicht präsent sein, wenn ich mir nicht schon vorher darüber Gedanken gemacht habe und sie werden in einer Beziehungssituation nicht für alle Beteiligten deutlich sein, wenn ich mich nicht schon vorher mit dem anderen darüber ausgetauscht habe.

Somit kommen wir zu einem Schlüsselthema des Lebens im Vertrauensmodus, zu den so genannte Friedenszeiten, in denen der bekannte Konflikt in weite Ferne gerückt ist, unser emotionaler Zustand es erlaubt, in verständnisvoller Weise über etwas nachzudenken oder darüber zu sprechen. Nur in solchen Zeiten kann ich mir überhaupt

klar machen, warum mein Nein wichtig ist und warum ich diese Grenze aufstellen möchte.
Meine Erfahrungen zeigen, dass solche Friedenszeiten selten dafür genutzt werden. Entweder vergisst man in Friedenszeiten, dass es Konflikte gibt oder man befürchtet, die Friedenszeiten zu gefährden, wenn man miteinander über das Konfliktthema spricht.
Doch wir müssen es grundsätzlich lernen, Ruhe- und Reflexionszeiten zu finden, in denen wir über unser Leben nachdenken, wo wir Erfahrungen auswerten und wo wir die nächsten Schritte andenken.

Zwei Herzenskehrtwendungen

Das verbindende Nein braucht neben der Entscheidung für und der Einsicht in den Wert des Neins so genannte Herzenskehrtwendungen. Wir dürfen nicht glauben, dass das vertrauensbildende Nein einfach eine Technik wäre, die man wie das Autofahren antrainieren kann. Natürlich gibt es eine einübbare Verhaltensoberfläche, doch entscheidende Voraussetzungen für Vertrauen liegen in unserem Inneren. Eine erste Herzenskehrtwendung ist, dem möglichen Ärger des Nein nicht auszuweichen. Und eine zweite Herzenskehrtwendung lässt starre Grenzziehungen zu Gunsten von lebendigen Grenzen los. Beide Kehrtwendungen lösen einen inneren Verwandlungsprozess aus.

Herzenskehrtwendung 1:
Dem Ärger nicht ausweichen
Wer sich entscheidet, mehr Nein zu sagen und dies konsequent, muss damit rechnen, dass es Ärger gibt. Es scheint leichter, nur Ja zu sagen, denn wir hoffen, dann von allen geliebt zu werden und ohne Ärger miteinander auszukommen. Gleichzeitig ahnen wir, dass sich der Ärger, dem wir meinten, ausweichen zu können, über die Hintertür wieder einstellen wird. Denn unser Ja ist nur ein Nachgeben oder ein fauler Kompromiss. Sich dann durchzusetzen, schaffte einen viel größeren Ärger als den, dem wir anfänglich ausgewichen sind.

Wie wir schon gehört haben, kann das Nein, trotz aller positiven Aspekte, Misstrauen und Ablehnung mit sich bringen.
Und wir müssen damit rechnen, dass der andere Misstrauen oder Ablehnungsgefühle so verarbeitet, dass es bei uns als Ärger ankommt.
Das Kind wird sich schreiend auf den Boden werfen, wenn es nicht bekommt, was es sich wünscht.
Der Kollege wird schlecht über mich reden.

Mein Ehepartner donnert laut die Tür zu.
Dem Ärger des Neins können wir nicht ausweichen. Es lohnt sich, sich diesem Ärger zu stellen, die unangenehmen Gefühle auszuhalten. Der Gewinn an Vertrauen sollte uns dazu locken.

Manchmal erschrecken wir über uns und andere, wenn Ärger mit einem Gefühlschaos von Wut, Zorn, Ungeduld, Ablehnung usw. in uns hoch kommt. So darf man nicht fühlen!
Doch: Gibt es überhaupt schlechte Gefühle?
Unsere Einteilung in gute und schlechte Gefühle ist eine falsche. Gott hat alle Gefühle geschaffen. Gott zeigt selbst beide Arten von Gefühlen. So sollten wir besser zwischen angenehmen und unangenehmen Gefühlen unterscheiden. Die angenehmen Gefühle hat Gott geschaffen, damit wir Schönes ganzheitlich erleben können. Und die unangenehmen Gefühle sollen uns oder auch unseren Gesprächspartner aufmerksam machen, dass irgendetwas nicht stimmt. Es ist gut, ärgerlich zu werden, weil wir dadurch darüber nachdenken können, was nicht stimmt, warum wir ärgerlich geworden sind. Es ist gut eifersüchtig zu werden,…

Es mag nun jemand fragen, ob es in der Bibel nicht doch eine Liste gäbe von sündigen Gefühlen, zum Beispiel die im Brief an die Kolosser zitierten. Unserer Meinung nach handelt es sich dabei nicht um aktuelle Signalgefühle, sondern um sündige Grundhaltungen des Herzens, verfestigte Charaktereigenschaften. D.h., wir werden zornig und bleiben es, ohne den Anlass zu bearbeiten. Unser aktueller Zorn ist in seiner Tiefe und Dauer nicht dem eigentlichen Anlass angemessen.

Verbindend Nein-Sagen bedeutet also auch, dass wir einen neuen Umgang mit unseren Gefühlen brauchen. Wir leben gerade in einer Kultur, in der es unangebracht scheint, (auch nur kurzfristige) Ärgergefühle zu zeigen.

Es ist aber nötig, Ärger zu zeigen und zu akzeptieren, damit sich Beziehungen vertiefen können, weil damit deutlich wird, dass irgendetwas nicht stimmt.

Wir müssen nicht nur, sondern wir dürfen auch damit rechnen, dass es Ärger geben wird, wenn wir verbindend mehr Nein sagen wollen. Dieser Ärger signalisiert uns nicht, dass unser Nein ein Fehler war, sondern ist Ausdruck der Unfähigkeit des anderen, mit dem Nein umzugehen. Er müsste nicht mit Ärger darauf reagieren.[7]

In Zukunft wird und darf es mehr Ärger geben. Ärger als Signalgefühl, dass der andere mit meinem Nein nicht umgehen kann. Der Umstieg vom Misstrauensmodus, der sich durch den Ärger ausdrückt, in den Vertrauensmodus kann nur gelingen, wenn ich diesem Misstrauensärger als Nein-Sagender nicht ausweiche.[8]

---

7 Das soll nicht heißen, dass Sie nicht auch Fehler machen werden, die Sie korrigieren sollten. Ich möchte nicht missverstanden werden, das verbindende Nein-Sagen soll in keiner Weise autoritäres Verhalten legitimieren. Nicht hinterfragbares Verhalten, das kein Interesse am Gegenüber zeigt, an dessen Empfindungen und Gedanken, ein Verhalten, das den anderen entwertet, willkürlich erfolgt und verletzend ist, ist hier nicht gemeint.

8 Und mein eigener Ärger? Meine eigene Hilflosigkeit? Auch sie werden sich zeigen, sich zeigen dürfen. Wo diese andere verletzen, gilt es Verantwortung zu übernehmen und sich zu entschuldigen. Wo sie meine Signalgefühle sind, gilt es dazu zu stehen. Wenn ich merke, dass meine inneren Turbulenzen überlegtes Handeln aber nicht mehr zulassen, sollte ich mir eine Zeit nehmen, um mich zu beruhigen, vielleicht mich mit jemandem besprechen und mich dann auf die Aussprache vorbereiten.

**Herzenskehrtwendung 2:
Es geht um lebendige Nein-Grenzen
und nicht um starre!**

Wir haben bisher unsere Grenzziehungen mit Leitplanken verglichen, Leitplanken, die starr und fest sind und genau dadurch ihre Funktion erfüllen. Doch wir brauchen ein weiteres Bild: Das Meeresufer. Beim Ufer überlappen sich je nach Tageszeit der Sandstrand und das Meer. Wir können nicht von einer festen Grenze sprechen, sondern von einer lebendigen, beweglichen.

Verbindende Grenze meint ein bewegliches Nein, kein starres, festes: So ist es, so wird es immer sein, in jeder Situation, mit jedem Menschen.

Die entspricht dem Leben nicht. Das Leben ist beweglich, einzigartig, neuartig, kreativ, individuell. Verbindend Nein-Sagen, bedeutet, nach der lebendigen Grenze zu suchen, nach dem Nein, das in dieser Situation, mit diesen Menschen, heute nötig ist. Dazu gehört es, dass das Nein grundsätzlich mit dem andern besprochen wurde oder wird und dass der andere es auch mitgestalten kann. Zusätzlich zu diesem gemeinsamen Prozess wird es in konkreten Situationen nötig sein, die aktuelle Grenzlinie herauszufinden.

Sicher wäre es uns lieber, wenn wir von vorneherein wüssten, wann und welches Nein angebracht ist. Aber so sperren wir das Leben ein, so opfern wir den anderen für das Gesetz, für die Regel, für die Grenze und für das Nein. Verbindendes Nein-Sagen möchte zentral vermitteln, dass es mir um den anderen geht, dass das Nein uns und unserer Beziehung dient. Nur dann bekommt der andere eine Schau, um vom Misstrauensmodus in den Vertrauensmodus zu wechseln.

Ohne Zweifel, das ist anstrengend. Auch anstrengend, weil ich mir dafür Zeit nehmen muss, also manches andere nicht tun kann. Nein-Sagen zu lernen, muss eine Priorität in meinem Leben werden. Das kann nicht sofort funktionieren, so spontan, wie ich es mir eigentlich

gerne wünsche. Diesen Anstrengungen kann ich nicht ausweichen: Es wird mehr Ärger in meinem Leben geben, ich lasse mich auf einen langen, langen Lernprozess ein mit Höhen und Tiefen und ich muss mir die Mühe machen, den Dialog mit dem anderen nicht zu vernachlässigen, ja sogar zu suchen. Und das mit jemandem, mit dem ich gerade nicht Hand in Hand einträchtig durchs Leben spaziere.
Ist es schon deutlich geworden, dass sich diese Anstrengungen auf jeden Fall lohnen?

Auch für die lebendigen Grenze lohnt es sich, sich den Spielraum in Friedenszeiten auszuloten. Erleichtern kann das eine Technik des Links-Rechts-Annähern.
Ich stelle mir einmal vor, meine zwölfjährige Tochter möchte am Abend weggehen, und sie wird mich fragen, wie lange sie bleiben darf.
Ich stelle mir vor, mich sozusagen von rechts annähernd, was der äußerste Zeitpunkt sein könnte: 2:00 Uhr nachts, nein, 1:00 Uhr nachts, nein 24:00 Uhr nachts, nein, halb zwölf? Vielleicht.
Dann nähere ich mich von links an: Wann könnte ich mir vorstellen, dass sie frühestens nachhause kommt? 21:00 Uhr, nein, 22:00 Uhr ja.
So hat sich eine lebendige Grenze zwischen 20:00 Uhr und 23:30 Uhr ergeben. Wenn ich ein erfahrener Vater bin, werde ich mit meiner Tochter nicht zwei Minuten bevor sie das Haus verlässt, darüber sprechen, sondern rechtzeitig, vielleicht vor dem Abendessen, um mit ihr dann ihre Vorstellungen auszutauschen. Sie wird dabei verspüren, dass sie nicht einem Gesprächspartner mit einer starren Grenze gegenüber sitzt, der, egal, was sie sagen wird, schon seine Entscheidung getroffen hat.

Den Spielraum meines Neins auszuloten, ist aber nur die oberflächliche Seite der lebendigen Grenze.
Vielmehr muss mir bewusst werden, was das Herz des Neins ist, um was es eigentlich geht, warum ich dieses

Nein spreche, was also der Sinn des Neins ist. Im Prinzip geht es ja nicht um das Nein an sich, nicht darum, eine Grenze aufzustellen, sondern, dass der Sinn dieser Grenze zur Wirkung kommt. Bleiben wir bei dem Beispiel mit dem Weggehen der Tochter. Was ist der Sinn einer Zeitgrenze? Bin ich selbst von diesem Sinn überzeugt? Kann ich diesen Sinn dann auch meiner Tochter vermitteln? Darauf wird es vor allem ankommen.

Je überzeugter ich vom Sinn meines Neins bin, umso leichter werde ich dieses Nein wie selbstverständlich setzen können.

Ich möchte eine Zeit wissen, wo meine Tochter nach Hause kommt, an der ich mich orientieren kann, als Schutz für sie und auch als Schutz für mich, damit ich zum Beispiel rechtzeitig und ruhig schlafen gehen kann. Ich möchte eine Zeitgrenze finden, die meiner Tochter erlaubt, selbst ausreichenden Schlaf zu finden, den sie für den nächsten Tag braucht.
Es geht also nicht um Ja oder Nein sagen, nein, es geht um Fürsorge für uns beide, und es geht darum, dies miteinander auszutauschen und unterschiedliche Positionen zu klären. So bekommt mein Nein Leben, wird zu einer lebendigen Grenze, bleibt kein leeres Nein. Noch einmal: Ich will zuallererst dem andern signalisieren, es geht mir um dich oder um mich oder um uns, aber nicht nur um das Nein, nicht nur um die Grenze.

So eine Sinnfindung des Neins wird Zeit brauchen.
Viele Neins unseres Alltags sind in Hausordnungen und anderen Regeln schon vereinbart. Es ist gut so, bzw. es wäre gut, wenn diese Regeln immer in einem gemeinsamen Prozess entstanden sind oder entstehen oder immer wieder gemeinsam aufgefrischt werden. Dann kann man in der aktuellen Konfliktsituation auf etwas Gemeinsames zurückgreifen. Wichtig ist auch den Sinn dieser Regeln zu verdeutlichen.

Im Miteinander mangelt es oft nicht nur an der Verständigung und an der Einsicht in den Sinn von Regeln, sondern es existieren gar keine Vereinbarungen, bzw. einmal getroffene sind nicht mehr bekannt oder nicht ausreichend miteinander besprochen worden.

Dem Sinn von Regeln nachzuspüren, wird uns Zeit kosten, mehr Zeit, als uns lieb ist. Auch hier gilt es sich wieder den Gewinn vor Augen zu halten: Langfristig werden wir Zeit gewinnen (weil es weniger Missverständnisse und Konflikte geben wird), und dauerhaft gewinnen wir einen Raum des Vertrauens.

Eine bedingungslose Liebe ist keine grenzenlose

Es ist gut, Nein zu sagen, dafür habe ich eigentlich schon genügend Argumente geliefert. Aber tief in unserem Herzen könnten wir dennoch merken, dass wir uns schlecht fühlen, wenn wir Nein-Sagen.

Das könnte an einem falschen Verständnis von Liebe liegen, die dem anderen keinen Wunsch ausschlägt, die immer Ja zu sagen hat.

Doch Jesus Christus trägt uns eine bedingungslose Liebe auf, aber keine grenzenlose Liebe. Zu Liebe gehört das Ja und zu Liebe gehört das Nein. Oder anders ausgedrückt: Wer nicht Nein sagt, ist lieblos.

Vielleicht haben wir auch Angst, den anderen oder unsere Kinder zu verletzen, Beziehung so zu stören, dass der andere dauerhaft auf mich wütend ist oder dass es zu einem Beziehungsbruch kommt.

Dies zu befürchten, kann richtig sein, wenn es um liebloses, aggressives oder willkürlich gesetztes Nein geht. Ein verbindenden Nein soll genau das Gegenteil erreichen: Vertiefte Beziehung und Vertrauen.

Der immer wieder auftauchenden Botschaft unseres Herzens, dass ich mich schlecht fühle, Nein zu sagen, dürfen wir entgegenhalten, dass das Nein gut und ein Ausdruck von Liebe ist.

Es wird klar, dass die Herzenskehrtwendung zum Nein-Sagen eigene Lernprozesse erfordert.
Wenn wir uns nicht auf einen längeren Lernprozess einlassen wollen, können wir das verbindende Nein-Sagen nicht erlernen. Ich habe mir angewöhnt, mir dort, wo ich mich verändern möchte, Zeit zu lassen. 1,5 Jahre, das ist die Zeit, die ich mir gebe. Es verdeutlicht mir: Es geht nicht sofort und dauert wahrscheinlich sogar länger, als ich erwartet habe.
So gebe ich mir selbst genügend Luft, um nicht nach den ersten Misserfolgen und Rückschlägen aufzugeben.

Das Nein-Sagen ist nicht irgendeine soziale Fertigkeit, sondern sie ist eine zentrale Kompetenz unseres Lebens. Wir lernen dadurch, Leben zu gestalten und erhalten tiefere echte Beziehungen, nach denen wir uns alle sehnen. Das zerstörerische Misstrauen kann überwunden werden. Wenn wir die Evangelien unter der Fragestellung absuchen, wie Jesus Nein gesagt hat, werden wir auf einen erstaunlichen Satz stoßen. „Euer Ja sei ein Ja, euer Nein sei ein Nein." (Mt 5,37) Mehr nicht. Jesus fährt dann fort, dass alles, was über dieses Ja und Nein hinausgeht, vom Bösen ist. Ein klares schlichtes Nein und ein klares schlichtes Ja ist gefragt.

Eine gute Botschaft

Zum Lernprozess der Herzensumkehr und Veränderung gibt es auch eine gute Botschaft: Sie können bereits verbindend Nein-Sagen.
Diese Aussage mag angesichts all der bisher aufgeführten Einschränkungen und Notwendigkeiten provozieren. Doch es gibt Gelingen!
Es ist wichtig, dass wir uns bewusst machen, dass wir Lernende sind, aber nicht bei Null anfangen müssen: Meistens fällt uns das Nein-Sagen schwer, aber nicht immer, meistens führt das Nein-Sagen zu Beziehungsstress, aber nicht immer.

Dort, wo es uns gelingt, haben wir von uns selbst etwas zu lernen. Warum ist es mir gelungen? Was ist das Besondere und Typische daran? Wie können diese Fähigkeiten, die ich bewiesen habe, ein konfliktfreies Nein zu setzen, mir bei meinen mehr problematischen Grenzsetzungen helfen?

Jeder von uns kann schon verbindend Nein-Sagen, das darf er sich auch in sein Herz schreiben.

Die praktischen Schritte des verbindenden Nein-Sagens

Die praktischen Schritte des verbindenden Nein-Sagens möchte ich anhand zweier Beispiele demonstrieren. Das erste Beispiel nehme ich aus dem Erziehungsalltag, das zweite aus der Berufswelt. Beide Beispiele entwickele ich in zwei Szenen, einer im Misstrauensmodus mit einem trennenden Nein, einer im Vertrauensmodus mit einem verbindenden Nein.

Aus dem Erziehungsalltag, Szene 1:
Eltern und Kind schauen am Abend gemeinsam fern. Die Sendung ist zu Ende. Das Kind wird aufgefordert, ins Bett zu gehen. Es schmollt, will die nächste Sendung noch sehen, sagt, dass ihm immer alles verboten wird, ...
Der Vater wird zornig, droht, wenn es jetzt nicht ins Bett gehe, bekomme es Fernsehverbot für eine Woche.
Das Kind schleppt sich zur Tür, knallt diese zu mit irgendwelchen unverständlichen Schimpfworten.
Szene 2:
Eltern und Kind schauen am Abend gemeinsam fern. Die Sendung ist zu Ende. Das Kind wird aufgefordert, ins Bett zu gehen. Es schmollt, will die nächste Sendung noch sehen, sagt, dass ihm immer alles verboten wird,...
Der Vater wendet sich dem Kind zu und fragt, warum es die Sendung noch anschauen will. Beide tauschen sich eine Zeit lang aus. Dann erinnert der Vater das Kind an Vereinbarungen über Fernsehzeiten und warum diese getroffen wurden. Danach schickt er das Kind in dessen Zimmer und sagt, dass er in einer Viertelstunde noch zum Gute-Nacht-Sagen kommen wird. Das Kind schmollt, lässt die Tür offen stehen beim Weggehen.

Aus der Berufswelt, Szene 1:
Ich gehe aus meinem Büro zum gemeinsamen Kopiergerät, um dort meine Kopien abzuholen. Ich stelle fest, dass ein Kollege in der Zwischenzeit meinen Kopiervor-

gang unterbrochen hat, weil er für sich selbst etwas kopiert hat, aber danach nicht meinen Kopiervorgang wieder in Gang gebracht hat. Ich bin verärgert und schimpfe etwas, während ich meinen Kopiervorgang wieder ins Laufen bringe. Als bald darauf dieser Kollege in mein Büro kommt, stelle ich ihn sofort zur Rede. Ich sage ihm, dass ich das rücksichtslos finde und mir in Zukunft wünsche, dass er erst fragt, bevor er meinen Kopiervorgang abbricht. Mein Kollege bleibt stumm, sagt nichts, verlässt mein Büro. Die Tür fällt etwas lauter ins Schloss als sonst. Als ich etwa später in das Nachbarbüro komme, sehe ich, wie er sich mit einer Kollegin unterhält und das Gespräch bei meinem Eintritt verstummt. Ich vermute, die beiden haben über mich gesprochen.

Szene 2:
Ich gehe aus meinem Büro zum gemeinsamen Kopiergerät, um dort meine Kopien abzuholen. Ich stelle fest, dass ein Kollege in der Zwischenzeit meinen Kopiervorgang unterbrochen hat, weil er für sich selbst etwas kopiert hat, aber danach nicht meinen Kopiervorgang wieder in Gang gebracht hat. Ich bin verärgert und schimpfe etwas, während ich meinen Kopiervorgang wieder ins Laufen bringe. Als bald darauf dieser Kollege in mein Büro kommt, stelle ich ihn nach ein paar Begrüßungsworten zur Rede. Ich frage ihn, warum er meinen Kopiervorgang unterbrochen hat. Er erklärt mir seine Gründe. Ich entgegne ihm, dass ich etwas verärgert sei, denn ich hätte die Kopien dringend gebraucht. Er versucht, sich herauszureden, dass das so alles viel schneller gegangen sei, als wenn er mich vorher gefragt hätte. Zum Abschluss sage ich, dass ich mir in Zukunft bitte wünsche, dass er mich vorher fragt. Ich würde das an seiner Stelle auch tun. Ohne Worte verlässt mein Kollege das Büro. Die Tür schließt sich etwas lauter als sonst.

Nach fünf Minuten greife ich zum Telefonhörer, rufe ihn an und frage bei ihm wegen eines Projektes nach. Am Ende des sachlichen und freundlichen Austausches komme ich kurz noch auf den Vorfall am Kopiergerät zu sprechen und meine, dass ich nicht mehr ärgerlich sei, aber schon noch mal kurz darüber sprechen möchte, um besser verstehen zu können, was er sich dabei gedacht habe.
(Ende der Beispiele.)

Bei den fünf Schritten des verbindenden Nein-Sagens geht es zunächst darum, den anderen in seinem mich störenden Verhalten zu verstehen. Zweitens setze ich die Grenze klar, spreche ein deutliches Nein und wenn es möglich ist, sage ich, was ich eigentlich gewünscht hätte. Oft ist es dann drittens möglich, „legale" Alternativen aufzuzeigen oder vorzuschlagen. Der vierte Schritt besteht darin, die Schwierigkeiten, die mein Nein dem anderen bereitet und die er in irgendeiner Weise kommuniziert, wahrzunehmen, ihnen Raum zu lassen und sie zu verarbeiten.
Dieses Verarbeiten setzt sich im 5. Schritt fort. Ich helfe dem anderen, mit seinen Reaktionen, seinen Misstrauens- und Ablehnungsgefühlen fertig zu werden. Ich stelle mich auf seine Seite. Ich lasse mich nicht von ihm trennen.

1. Den anderen mit seinen Bedürfnissen, die hinter seinem Verhalten stehen, verstehen und annehmen.

In unserem ersten Beispiel bedeutet das, dass ich mir die Frage stelle, warum das Kind nicht auf sein Zimmer gehen will, bzw., warum es den Film noch anschauen will, im zweiten Beispiel, warum mein Kollege den Kopiervorgang unterbrochen hat.

Selbstverständlich hat sich in mir schon eine Antwort auf diese Fragen eingestellt, sind automatische Erklärungen angesprungen. Zum Beispiel: Das Kind will den ganzen Tag nur fernsehen und sonst nichts. Mein Kollege hat überhaupt nicht an mich gedacht, sondern nur rücksichtslos an sich selbst.
Vielleicht stimmen diese Erklärungen, aber es muss uns klar sein, dass es auch ganz andere Möglichkeiten gibt.
Es besteht die Gefahr, dass unsere spontan anspringenden Erklärungen vor allem aus unserem Misstrauensvorrat stammen.
Wenn wir uns in Friedenszeiten die Zeit nehmen, darüber nachzudenken, werden uns sicher alternative Erklärungen einfallen.
Das Kind ist noch nicht müde, das Kind hat Angst, alleine auf sein Zimmer zu gehen, das Kind möchte mit uns noch über etwas sprechen, der nächste Film interessiert das Kind wirklich, das Kind will uns ärgern, …
In Szene zwei haben wir gehört, dass der Vater das Kind danach gefragt hat, warum es den nächsten Film anschauen will. Er hat sich Zeit genommen, herauszubekommen, was das Kind bewegt.
Um zu so einem Verhalten fähig zu sein, ist es sicher nötig, dass der Vater sich nicht innerlich über das Kind erhebt, – nach dem Grundsatz, dass Kinder immer sofort das zu tun haben, was die Eltern wünschen. Es könnte ihm bewusst werden, dass er sich selbst als Kind nicht viel anders verhalten hat. Er versucht, das Kind zu verstehen, wobei festzuhalten ist, dass verstehen nicht bedeutet, dass ich dem anderen Recht geben muss.

Im zweiten Beispiel frage ich meinen Kollegen, um ihn zu verstehen, warum er meinen Kopiervorgang abgebrochen hat, denn ich kann mir durchaus Gründe vorstellen, wo dies wirklich nötig ist.

Den anderen zu verstehen stellt Beziehungen her, lässt nicht zu, dass schon an dieser Stelle unsere Beziehung gestört wird. Dadurch wird das folgende Nein oder die folgende Grenzsetzung vorbereitet und Misstrauen kann keinen Raum bekommen.

2. Grenzen oder das Nein klar setzen und das richtige Verhalten zeigen

Grenzen sollten positiv ausgedrückt werden. Wir sollen nicht nur sagen, was nicht sein soll, sondern auch das gewünschte Verhalten beim Namen nennen. Es soll im richtigen Tonfall erfolgen, nicht laut, nicht flehend, sondern mit bestimmter Stimmlage, die vermittelt, dass es mir ernst ist. Es ist wichtig, dabei Blickkontakt aufzunehmen und das Nein durch eine Begründung[9] dafür zu verstärken.

Die Grenze klar und deutlich auszudrücken wird am besten gelingen, wenn ich von der Richtigkeit der Grenze überzeugt bin.
In der aktuellen Konfliktsituation ruhig und bestimmt und für den anderen bleibend Nein zu sagen, wird möglich, wenn ich mich vorher in Friedenszeiten der guten Gründe für dieses Nein vergewissert habe. In unserem ersten Beispiel, das wahrscheinlich öfter stattfindet, kann der Vater schon auf Vereinbarungen zurückgreifen und sich aus diesen eine natürliche Autorität holen. Er schickt das Kind auf sein Zimmer, so wie es vereinbart war, hat sich aber vorher nicht trennen lassen, sondern durch das Gespräch zumindest von seiner Seite eine vertrauensvolle Beziehung aufrechterhalten.

---

9 Begründungen dürfen nicht zu Begründungsdiskussionen führen, vielmehr sollten sie aus der Absicht der Wertschätzung dem anderen gegenüber eingefügt werden.

Im zweiten Beispiel lässt sich auf keine Vereinbarung zurückgreifen, höchstens auf ein „ungeschriebenes Gesetz“, auf eine unausgesprochene Erwartung von Rücksicht. Hier war es gut, bevor ich meinen Kollegen getroffen habe, mich zu beruhigen und mir zu überlegen, was ich für richtig halte.
Das Entscheidende bei jedem vertrauensbildenden Nein ist, dass es auf seine Überzeugungsautorität vertraut, dass es seine Kraft aus dem inneren Frieden über das Nein schöpft. [10]

Es ist wichtig zu lernen, an dieser Stelle weitgehend auf eine Verstärkung durch angedrohte Konsequenzen zu verzichten. Wir können glauben, dass der andere verspürt, ob ich zweifle, dass mein Nein eingehalten wird, oder ob ich davon überzeugt bin. Nicht nur der Inhalt meines Neins, das Gesagte, wird Wirkung zeigen, sondern auch meine Mimik, meine Haltung, mein Tonfall, wie ich es sage. Meine innere Überzeugung ist stärker als die Androhung von Konsequenzen. Belohnungen und Strafen sind gar nicht so oft nötig und wirkungsvoll, wie wir annehmen.

3. Alternativen aufzeigen

Wenn mir mein Kind glaubhaft vermitteln kann, dass der folgende Film wirklich wichtig für es ist, dann kann ich eventuell die Alternative anbieten, diesen Film aufzunehmen, damit es ihn am nächsten Nachmittag anschauen kann.

---

10 Eigener Ärger oder Angst sollte sich in der Zwischenzeit „beruhigt“ haben. In einem aktuellen Konflikt kann es durchaus sein, dass der andere, zum Beispiel als Vorgesetzter, an mehr Macht oder Autorität verfügt. Um hier den inneren Frieden zu bewahren, braucht es bewusste Vorbereitung. Denkbar ist auch, dass ich mich „verstärke“, in dem ich einen Vertrauten bitte, mich zu begleiten ohne mitzureden, sondern alleine durch seine Anwesenheit mir Sicherheit zu vermitteln.

Nicht immer lassen sich solche Alternativen finden. Wenn ich aber die Mühe signalisiere, dass ich mir Gedanken mache nach Alternativen zu suchen, die das Bedürfnis des anderen erfüllen könnten, ist das ein vertrauensbildendes Zeichen.
Wenn ich meinem Kollegen sage, dass er fragen kann, ob er meinen Kopiervorgang unterbrechen kann, komme ich ihm entgegen und zeige, dass ich mich gerne auf ihn einlassen will.

Diese ersten drei Schritte des vertrauensbildenden Nein-Sagens verdeutlichen, dass es vor allem darum geht, sich weder innerlich noch äußerlich vom anderen trennen zu lassen, nicht durch dessen Verhalten, das ich begrenzen muss, nicht durch dessen Verhalten auf mein Nein.
Ich verbleibe im Vertrauensmodus, auch wenn sich der andere noch im Misstrauensmodus bewegt.

4. Die Schwierigkeiten des anderen, diese Grenzsetzung und dieses Nein zu verarbeiten, wahrnehmen und Raum dafür geben

Die Tür fällt laut ins Schloss, der Kollege scheint schlecht über mich zu einer Kollegin zu sprechen, das Kind lässt die Tür offen stehen oder knallt sie zu, wir müssen damit rechnen, dass auch ein verständnisvoll gesetztes Nein beim anderen nicht sofort Vertrauen erzeugt. Wie verständnisvoll ich bin, kann schon die Intensität des Ärgers, die Ärgerreaktion beeinflussen, in unserem Beispiel, ob die Tür zugeknallt wird oder ob die Tür offen gelassen wird.

Hier kommen wir an einen kritischen Punkt im verbindenden Nein-Sagen: Steige ich jetzt aus der Beziehung aus oder halte ich durch, mich weiterhin zum anderen zu stellen?

Deute ich sein Folgeverhalten auf mein Nein als ein Verhalten gegen mich und lasse zu, dass in mir Misstrauen entsteht, oder, – das wird nicht immer einfach sein, deute ich es als eine Unfähigkeit, mein Nein positiv zu verarbeiten?

Die Gefahr besteht einerseits, dass meine eigene Nein-Biografie anspringt und ich mich selbst abgelehnt fühle. Aber genau an diesem Punkt besteht andererseits die große Chance, dass das Nein zu einer Einladung wird, in den Vertrauensmodus zu wechseln.
Wenn das Kind die Tür zuknallt, sind wir versucht, es für dieses Zuknallen in irgendeiner Weise zu bestrafen. Oder es kann passieren, wenn es die Tür offen stehen lässt und dadurch seinen Ärger signalisiert, dass der Vater ihm nachruft, dass es auch alleine schlafen gehen könnte, und das mit ärgerlicher Stimme.
Wir müssen lernen, die Folgereaktion des anderen auf unser Nein auszuhalten und können ihm in einem fünften Schritt eine weitere Chance geben, unsere vertrauensvolle Hand vertrauend aufzunehmen.

5. Dem anderen beistehen und ihn trösten
Wir können dem anderen beistehen, mit seinen Ablehnungsgefühlen, mit seinem Misstrauen und Ärger fertig zu werden, indem wir ihm signalisieren, dass wir uns immer noch nicht trennen lassen.

In unserem Beispiel hat der Vater zugesagt, nach einigen Minuten zum Gute Nacht Sagen aufs Zimmer zu kommen oder, im zweiten Beispiel, habe ich meinen Kollegen in einer Sache wieder angerufen und ihn als vertrauensvollen Partner behandelt.
Dabei wird das Nein keinesfalls zurückgenommen, sondern es wird dem anderen einfach signalisiert: Ich bin für dich, ich bleibe bei dir, ich bin bereit dir zu helfen mit meinem Nein fertig zu werden. Aber dieses Nein ist gut für dich und für uns.

Der entscheidende Höhepunkt des verbindenden Nein-Sagens steht jetzt bevor: Nimmt der andere, bildlich gesprochen, meine vertrauende Hand an? Oder schlägt er sie aus?
Steigt der andere aus dem Misstrauen aus und vertraut sich meinem Beziehungsangebot an, akzeptiert er meine Hilfe oder meinen Trost? Dann ist er dabei, vom Misstrauensmodus in den Vertrauensmodus zu wechseln.
Es wird sich in ihm ein mehr oder weniger bewusster Kampf abspielen: Die gleiche Person, die ihm vorher scheinbar übel wollte, die ihm Nein gesagt hat, möchte ihm jetzt etwas Gutes tun, reicht ihm die Hand zur Hilfe und zum Trost.

Es liegt nicht in unserer Macht zu bestimmen, wofür sich der andere im Augenblick entscheiden wird. Es ist durchaus damit zu rechnen, dass das Misstrauen siegt, dass es mehrere solcher Prozesse braucht, bis der andere in mein Vertrauensangebot einwilligt.

Das verbindende Nein-Sagen ist also eine Einladung, aus dem Misstrauensmodus auszusteigen und hinüber in den Vertrauensmodus zu wechseln.
Es wird vor allem auf die Schritte vier und fünf ankommen, damit Misstrauen besiegt wird und Beziehungen sich vertrauend vertiefen.

Beziehungsverletzte Menschen verstehen

Das verbindende Nein-Sagen ist keine leichte Übung, es wird uns selbst in einen Heilungsprozess hineinnehmen. Schon in den normalen Herausforderungen des Alltags, wie auch in länger dauernden Beziehungskonflikten kostet es uns die Bereitschaft zur Selbstreflexion, sich Zeit zu nehmen, nachzudenken, Einsicht und Wege zu suchen.
Darüber hinaus gibt es spezielle, sehr komplizierte Beziehungsdynamiken, wenn wir es mit Menschen zu tun haben, die durch traumatische Erfahrungen verletzte Menschen geworden sind. Für sie kann jedes Nein, egal wie verständnisvoll es gesetzt wird, quasi eine Re-Traumatisierung darstellen: Die Bedrohung von Trennung und Isolation. Doch auch das gesprochene Ja stellt eine Bedrohung von zu viel Nähe und Vereinnahmung dar. Es gibt Menschen, die von einer Bedrohung in die andere unmittelbar wechseln. Ihre Alarmgrenze ist weit draußen.

Wir alle stehen vor der lebenslangen Aufgabe, den gesunden Rhythmus zwischen Selbstständigkeit und Verbundenheit zu leben. An seinen beiden Polen schlummern als zwei Ängste die Angst vor Vereinnahmung und die Angst vor Trennung.
Jeder kennt diese Ängste gelegentlich. Wie verwirrend ist es die Angst vor zu viel Nähe und die Angst vor Trennung fast gleichzeitig zu verspüren.

Im normalen Alltag sind wir häufig überfordert, auch mit einem verbindenden Nein, solche verfestigten Barrieren des Misstrauens zu überwinden. Dazu kann ein heilpädagogischer oder therapeutischer Rahmen nötig sein. Innerhalb dieses Rahmens stellt wiederum das verbindende Nein einen therapeutischen Schlüssel dar.

Es gilt, diese Mitmenschen zu verstehen und dabei auf folgende Besonderheiten zu achten: Isolationsverhalten (der andere zieht sich zurück, geht mir aus dem Weg, versperrt sich im Gespräch,...) darf ich nicht als Ablehnung meiner Person, sondern als Schutzverhalten verstehen. Ich kann auch auf ein so genanntes Konfluenzverhalten stoßen, bei dem der andere sich sozusagen jedem an den Hals wirft, dies jedoch als Schutzmechanismus und nicht aus echter Sympathie oder Liebe.

Es muss mir klar sein, dass Vertrauen in jedem Fall nur sehr langsam aufgebaut werden kann und getestet werden wird. Der andere öffnet sich kurz, zieht sich schnell wieder zurück oder beschimpft mich, um zu sehen, wie ich reagiere. Dieses Testverhalten darf mich nicht überraschen oder enttäuschen.

So ein Verhalten löst in uns normalerweise eine Verwirrung aus bis hin zu Gegenreaktionen. Im schlimmsten Falle drohen wir mit Konsequenzen und Sanktionen. Bei beziehungsverletzten Menschen sollen gerade Sanktionen, soweit es geht, vermieden werden.

Das verbindende Nein kennt auch Sanktionen

Während man beim verbindenden Nein zunächst einfach klar und deutlich die Grenze setzt, ohne mit Strafe zu drohen oder mit Belohnung zu locken, kann es im weiteren Prozess nötig werden, gewisse Sanktionen einzusetzen.

Diese Sanktionen sind nicht als Strafen zu verstehen, in dem Sinne, dass damit das gewünschte Verhalten hergestellt oder sogar erzwungen werden soll. Sanktionen beim verbindenden Nein-Sagen zielen darauf ab, dass das Gespräch wieder aufgenommen wird oder überhaupt zum ersten Male stattfindet. Sie zielen darauf ab, dass Beziehung wieder hergestellt wird, zunächst eine Beziehung, um einander zu verstehen, und später als Basis des Vertrauens.

Sanktionen sollen zunächst aufmerken lassen, aufwecken, gesprächsbereit machen. Sie sollen beim anderen einen inneren Dialog oder innerhalb seiner Gruppe einen Austausch über das Verhalten in Gang setzen.

In einer verkehrsberuhigten Zone winkte die Polizei beispielsweise all die Fahrer heraus, die zu schnell gefahren waren. Dann kam ein kleines Kind herbei und schenkte den Fahrern eine Rose mit den Worten: Diese Geschwindigkeitsbegrenzung ist für mich.

Sanktionen sind Zeichen, den Ernst der Situation zu verdeutlichen und selber als Neinsager ernst genommen zu werden.

Ein Fünferschritt im Setzen von Sanktionen empfiehlt sich:

Zunächst gilt es, am besten unter vier Augen, eine klare Missbilligung des Verhaltens auszudrücken. Hilfreich ist es, die Missbilligung als eine Ich-Botschaft auszudrücken. „In diesem Punkt bin ich anderer Meinung als du“, statt „Das ist verkehrt, was du gesagt hast“. „Das, was du gerade gemacht hast, hat mich erschreckt, weil ...“ statt „Das, was du da gemacht hast, war dumm.“

Wenn das keine Einsicht und Bereitschaft zu einem lösungsorientierten Gespräch mit sich bringt, kann als nächstes die Ermahnung erfolgen, die ich gleich näher erklären werde.

Bringt die Ermahnung wiederum keine positive Wirkung, gehe ich auf Distanz. Im Umfeld des nicht erwünschten Verhaltens oder Thema werde ich mich zurückhalten und damit immer wieder signalisieren, dass etwas noch nicht in Ordnung ist. Zum Beispiel werde ich mit meinem Mitarbeiter nicht über das Konfliktthema Arbeitszeiten sprechen, solange keine vertrauensvolle, zumindest sachliche Gesprächsbasis gegeben ist.

Der nächste Schritt wäre der Ausschluss oder die Meidung von bestimmten Kontakten, Aktionen und Ereignissen. Er wird nicht eingeladen, er bekommt keine Informationen mehr darüber, er wird als ein Außenstehender behandelt. Natürlich geht dem eine Aussprache und Information über diese Sanktion voraus.

Wenn das immer noch nicht genügt zum Gesprächstisch, bzw. zur Beziehung zurückzukehren, kann man sich Strafen im eigentlichen Sinn überlegen, die legal sind, wirklich durchführbar und die greifen müssen, weiterhin mit dem Ziel, den anderen für einen gemeinsamen Weg zu gewinnen.

Bei diesen Sanktionen kommt dem dritten Schritt der Ermahnung eine besondere Bedeutung zu.

Die Ermahnung stellt eine Beziehungsgestaltung dar, die eigentlich sehr selten erfolgt, obwohl sie eine positive Grundtönung besitzt. Das mag daher rühren, dass

wir Vorwürfe, Nörgeln, aber nicht verständnisvolle Kritik ausreichend gewöhnt sind und diese mit Ermahnung verwechseln.
Ermahnung dagegen drückt Wertschätzung für die Person des anderen aus, erwähnt auch positive Aspekte der gemeinsamen Beziehung und ist auch bereit, eigene Fehler zuzugeben.
Im Kern richtet sich die Ermahnung an das Gewissen des anderen, vertraut also darauf, wie extrem auch sein Verhalten gewesen sein mag, dass es noch ein Fünkchen dieser Instanz in seinem Inneren gibt, dieser Entscheidungsinstanz, die uns hilft zwischen Gut und Böse zu differenzieren.
Beim Ermahnen ist wichtig, auf den Schaden des Fehlverhaltens hinzuweisen und nicht auf eine mögliche Strafe.
Die Ermahnung richtet sich an den Willen meines Gegenübers und an dessen Entscheidungsfähigkeit. Ich spreche dem anderen nicht sein grundsätzliches Menschsein ab.
Die Ermahnung bewegt sich damit im Vertrauensmodus. Sie vermittelt die eigene Betroffenheit und bietet Hilfe und Unterstützung zur Veränderung an. Sie fordert also nicht nur, dass der andere sich ändern soll, sondern sie stellt sich mit Rat und Tat auf seine Seite.

Sanktionen wollen den anderen gewinnen.
Zugegeben, es gibt auch solch verhärtete Positionen, bei denen viel Zeit nötig ist, bis wir etwas erreichen, bis sich Vertrauenszeichen wieder erkennen lassen. Und dazu wird uns leider oft die Zeit fehlen.

Solche Zeiten der schrittweisen Einführung von Sanktionen gilt es auszuhalten, ohne sich in ihnen völlig innerlich vom anderen distanziert zu haben. Mit einem „kleinen inneren Auge“ halten wir immer Ausschau nach kleinen Zeichen von Tauwetter. Wir wollen uns nicht trennen lassen. Wir haben erkannt, dass die Liebe die

entscheidende Lebensdimension darstellt, die weit alle anderen menschlichen Ziele übersteigt.
Wir sind getragen von einer geschenkten Hoffnung, dass Gott den glimmenden Docht nicht auslöschen und das geknickte Rohr nicht abbrechen wird.

Innerer Monolog III:

Die Liebe als Quelle

Heute Nacht war ich aufgewacht, nicht aufgeschreckt, aber plötzlich stand mir die Schlüsselfrage klar vor Augen: Lebe ich, um mich zu schützen, im Misstrauensmodus, oder wage ich mich in den Vertrauensmodus? Aber wer oder was schützt mich im Vertrauensmodus?
Das verbindende Nein alleine wird nicht genügen. Das war mir sofort klar. Mitten in der Nacht.
Vor allem dort, wo Menschen gegen mich sind, wird das verbindende Nein nicht genügen. Meine Feinde werden auf meine vertrauensvolle Hand, die ich ihnen entgegen halte, keine Rücksicht nehmen. Sie rechnen damit, dass ganz schnell aus dieser Hand eine Faust werden kann. Ich merkte, wenn ich diesen Gedanken weiter nachdenken wollte, war es mit dem Schlaf vorbei.
So war ich dann aufgestanden, hatte einen Schluck getrunken, diese Gedanken kurz notiert und mich dann erneut zum Schlafen hingelegt, erfolgreich.

Jetzt, am späten Morgen, sehe ich das alles nicht mehr so schwarz. Das verbindende Nein ist eine Kraft, und in ihm wirkt die Kraft der Liebe. Und hinter meiner schwachen Liebe steht die Gegenwart Gottes.
Und diese Gegenwart Gottes wird mich auch trösten, wenn ich verletzt werde! Und das wird passieren, ich werde verletzt werden, ich werde ausgenutzt werden, das war mir auch jetzt klar.
Aber jetzt meldete sich wieder die Klarheit der Nacht. Diesem Risiko auszuweichen, dafür möchte ich nicht leben.
Der Gewinn von Verbundenheit, die jedem von uns Halt gibt und ermutigt, das Leben zu wagen, ist diesen Preis wert.
Alles andere ist eine Täuschung.
Es scheint so leicht zu sein, alleine durchs Leben zu gehen, solange man nicht die Trostlosigkeit der Einsamkeit geschmeckt hat.
Es scheint so leicht zu sein, sich anzupassen, solange man nicht verspürt hat, zu ersticken.
Die Liebe ist die Quelle des verbindenden Nein-Sagens.

Das Nein und die Liebe

Jesus Christus trägt uns eine bedingungslose Liebe auf, aber keine grenzenlose Liebe, so habe ich weiter oben schon geschrieben.
Wenn wir das Wesen der Liebe betrachten, – ich bin für den anderen und ich möchte mit dem anderen zusammen sein –, dann merken wir, dass das genau das Leben im Vertrauensmodus und den Kern des verbindenden Nein-Sagens trifft. Ich lasse mich nicht trennen durch die Reaktionen auf mein Nein, nicht trennen, indem ich gegen den andern und damit nicht mehr mit ihm zusammen sein will.
Liebe ist das höchste Gebot, das Gott uns aufgetragen hat. Diese aufgetragene Liebe ist das Höchste, das Größte,… was es gibt! Ein Liebender zu werden bedeutet eine neue Dimension zu betreten, ein neues Sein.

Blaise Pascal (1623 -166) schrieb: „alle Körper, das Firmament, die Sterne, die Erde und die Naturreiche zählen nicht so viel wie der Kleinste der Geister, denn er weiß von alledem und von sich selbst, und der Körper von nichts. Und alle Körper und alle Geister zusammen und alle ihre Werke zählen nicht so viel wie die geringste Regung der Liebe; denn die Liebe gehört einer unvergleichlich erhabeneren Ordnung an."
Als ich dieses Wort gehört habe, war für mich neu klar, dass es nur noch auf die Liebe ankommt, dass ohne Liebe alles nichts ist.
Diese Liebe beginnt mit der Liebe Gottes zu mir. Er bietet mir einen Raum der Gnade und der Barmherzigkeit an. Gnade bedeutet, ich bekomme etwas, was ich nicht verdient habe, und Barmherzigkeit heißt, ich bekomme nicht das, was ich verdient habe. Er ist für mich. Er bietet mir Gemeinschaft an. Er ist bei mir, als der Liebende. Immer.
Mit jedem Gebet betrete ich einen Raum von Liebe, von der mich nichts trennen kann!

In der Liebe wachsen zu wollen, schickt jeden Menschen auf einen einmaligen, einzigartigen und lebenslangen Weg.
Damit sich diese empfangene Liebe entfalten kann, zwischen mir und meinem Nächsten, zwischen mir und Gott, braucht es „menschliche Hausaufgaben".
Zu diesen menschlichen Hausaufgaben gehört das verbindende Nein-Sagen.
Nein, hier beginne ich, nein, hier beginnen wir. Und dieses Nein in Liebe gilt, so sagt uns das Evangelium, gegenüber allen Menschen, immer, und als erster.

Die radikale Liebe schöpft ihre ganze Hoffnung aus der radikalen Liebe Gottes.
Da Jesus Christus am Kreuz „Eli, eli, lama asabtani – mein Gott, mein Gott, warum hast du mich verlassen?" schrie, weil sich der Sohn Gottes von der Vaterliebe getrennt wusste, liegt dort die Quelle für alle Liebe, auch für das verbindende Nein-Sagen. Die Macht der Lieblosigkeit ist überwunden.
Dort am Kreuz Jesu beginnt die Heilung zum Lieben, bekomme ich die Kraft, um in schmerzliche Prozesse einzuwilligen, Ängste zu besiegen, auf Schutzmechanismen zu verzichten und die notwendigen Schritte zu gehen, bis zur Bereitschaft zum Leiden, weil ich nein gesagt habe, weil ich Vertrauen gewagt habe.
Grenzen setzen, Nein-Sagen gehört zu dieser Liebe.
Ohne Nein keine Liebe.

Nur Ja-Sagen, das will kontrollieren, will Meinungen anderer unterdrücken, auch wenn man sich darüber gar nicht im Klaren ist. Wenn mir das Nein-Sagen schwer fällt, ich diesem ausweichen möchte, dann werde ich auch alles versuchen zu verhindern, wozu ich Nein-Sagen müsste.

Ohne Nein leben wir in einer reduzierten Wirklichkeit.
Liebe kann hier nicht atmen.
Ohne Nein keine Liebe. Nur Ja ist lieblos.

Vom Traum, ein Doppelsieger zu werden

Ein Leben im Vertrauensmodus, gestaltet mit dem verbindenden Nein, ist Nächstenliebe.
Diese Liebe, die Agape-Liebe ist gewaltig, ist motiviert, quillt aus der Kraft des Kreuzes Jesu Christi. Sie braucht Ihn und sie ist Seine ganze Erlösungskraft – und sie trifft nicht nur auf Freunde!
„Denn wenn ihr liebt, die euch lieben, was werdet ihr für Lohn haben? Tun das nicht auch die Zöllner? Wenn ihr nur zu euren Brüdern freundlich seid, was tut ihr Besonderes? Tun nicht dasselbe auch die Heiden? Darum sollt ihr vollkommen sein, wie euer Vater im Himmel vollkommen ist." (Mt. 5, 47.48)

Habe ich nur Freunde? Habe ich nicht auch Feinde?
Wir wollen dann von Feinden sprechen, wenn der andere aktiv und bewusst gegen mich ist. Ein Konkurrent ist nicht aktiv gegen mich, er möchte aber das gemeinsame Ziel vor mir erreichen. Er ist kein Feind.
Wir können uns „große" Feinde vorstellen, die unsere Existenz oder unser Leben gefährden wollen, wir können aber auch von „kleinen" Feinden sprechen, die unser Leben stören und verschlechtern wollen.

Welche Strategien haben wir grundsätzlich entwickelt, um mit Feinden umzugehen? Zunächst wären da die Fluchtmechanismen: Unterwerfung und Ergebung, Passivität, Rückzug und die eigentliche Flucht, dem anderen aus dem Weg gehen. Solche Mechanismen sind nicht immer offensichtlich, können auch nur unseren innerseelischen Kampf und dann unsere Entscheidungen prägen.

Eine andere Gruppe von Strategien gegen die Feinde stellen die Kampfstrategien dar: Da wäre zunächst die Verteidigung zu nennen, die aber schon bereit ist auf Kosten des anderen stattzufinden. Dann alle Vergeltungsmaßnahmen, Rache und auch gewaltsame Kampf-

attacken. Auch hier wiederum lassen sich innerseelische Varianten identifizieren.
Die beiden Grundstrategien kommen aus dem Misstrauen. Zu ihnen rät uns die Agape-Liebe nicht.

„Ihr habt gehört, dass gesagt ist: Du sollst deinen Nächsten lieben und deinen Feind hassen. Ich aber sage euch: liebt eure Feinde, tut wohl denen, die euch hassen; segnet, die euch verfluchen; bittet für die, die euch beleidigen und bittet für die, die euch verfolgen, damit ihr Kinder seid eures Vaters im Himmel. Denn er lässt seine Sonne aufgehen über Böse und Gute und lässt regnen über Gerechte und Ungerechte… darum sollt ihr vollkommen sein, wie euer Vater im Himmel vollkommen ist." (Mt. 5, 45-48 / Lk. 6, 27.28)

Auch Feinden sollte es nicht gelingen, uns aus dem Vertrauensmodus zu vertreiben.
Die Feindesliebe, die Liebe zum Täter, bzw. potentiellen Täter, können wir sicher als den intensivsten eigenen Heilungsprozess ansehen. Sie führt uns zur Überwindung der Todesangst in der Begegnung. Ohne diesen Preis wird es keine Feindesliebe geben.[11]

Eine Liebe, die keine Gegenliebe erwartet. Eine Liebe, die warten will, bis sich der andere ändert. Eine Liebe, die bereit ist, einen eigenen Preis dafür zu bezahlen. Eine Liebe, die im Vertrauensmodus bleiben will.

Ich habe diesen Text über den Vertrauensmodus als einen Aufruf bezeichnet. Genau an dieser Stelle kann ich nicht leugnen, dass die Feindesliebe ein hohes Ziel ist, das zwar im kleinen Alltag durchaus angestrebt werden kann, aber in politischer oder sogar weltgeschichtliche

11 Die Todesangst kann nur eine innerseelische Befürchtung sein, aber auch eine äußere tatsächliche Lebensbedrohung darstellen.

Verantwortung selten anzutreffen ist. Vollkommenheit kann in meinem kleinen Alltag wie in der „großen Welt" nicht erwartet werden. Vollkommenheit ist Gott vorbehalten. Aber dieses Ziel soll uns ein Leben lang ziehen, von uns weg, von einer „nur" Freundesliebe hin zur Ebenbildlichkeit Gottes. Er sandte seinen Sohn als wir noch seine Feinde waren. Er hat uns zuerst geliebt.

Diese Lebensaufgabe, Christus ähnlicher zu werden, macht den höchsten Wert des Menschseins aus: Sie fordert uns heraus, unsere eigenen tief liegenden und ungreifbaren dunklen Teile zu sehen.
Die Begegnung mit der Gewalt und dem Bösen möchte uns ebenfalls zu Gewalt und zum Bösen greifen lassen, wenn auch in abgespeckter Weise, zum Beispiel als Misstrauensmodus.
Dem gilt es entgegenzuhalten und nicht loszulassen, dass ich nicht besser bin als mein Feind, dass wir in der großen Liebe Gottes nebeneinander stehen, auf gleicher Höhe, in gleicher Bedürftigkeit.

Das verbindende Nein fordert uns letztlich nicht nur heraus, unangenehmen Gefühlen eine Signalaufgabe zuzugestehen und dadurch zu lernen, sie fordert uns auch zur Leidensbereitschaft heraus.
Nur in der engen Bindung an den, der von sich gesagt hat, „Ich bin das Leben", nur im Vertrauen darauf, dass dieses Leben nicht nur mein Leben ist, sondern dort auflebt, wo Feindesliebe andere in den Vertrauensmodus führt, werde ich anfangen, zu begreifen, was Jesus Christus durchlitten hat und ihn darin ehren.

Ein Aufruf, den ich mir selbst zurufe.

Von der Kraft der inneren Vergebung[12]

Feindesliebe wird nur möglich, wo Vergebung geschieht. Diese Vergebung darf in keiner Weise verwechselt werden mit Verdrängung, mit Verharmlosen, mit Vergessen oder klein beigeben.
Der kraftvolle Prozess der inneren Vergebung beinhaltet drei Schritte: Anklage – Schuldig sprechen – Begnadigung.
Alle drei Prozesse fallen uns schwer.
Anklage bedeutet, das Vergehen des anderen klar beim Namen zu nennen, die ganze Gewalt des Schadens, der angerichtet wurde, spüren und auf Verharmlosung jeglicher Art aus einer scheinbaren Liebe zu verzichten.
Die Überzeugung, dass die Wahrheit uns frei macht, hilft bei dieser ehrlichen Abrechnung.
Zu dieser Abrechnung gehört auch der nächste Schritt, die klare Verurteilung und Klarheit, welche Strafe der andere verdient hat.
Jetzt erst kann Begnadigung erfolgen, der Verzicht auf diese Strafe, der Verzicht, weil diese Strafe Jesus Christus stellvertretend schon getragen hat. Diese Vergebung gilt auch mir. Ich bin in keiner Weise besser als mein Feind, auch mir ist allein aus diesem Grunde alle Strafe erlassen worden.

Ein Geschäftspartner hat mich verleumdet, verbunden mit massiver Lüge. Das tut weh und schafft eine Menge Unannehmlichkeiten. Ich stelle ihn zur Rede und fordere Wiedergutmachung. Die Strafe, die er verdient hätte, wäre eine Anzeige gewesen mit dem entsprechenden Urteil und der Abbruch aller Zusammenarbeit. Ich begnadige ihn, ich verzichte auf diese Strafe, nicht aus Feigheit oder Faulheit, sondern aus dem Wunsch, ein Doppelsie-

---

12 Ausführlicher dazu: Kix Joachim, Wolfram Soldan: Vergebung,– der Weg in die Freiheit“ IGNIS-Werkstattblatt Nr. 15.

ger zu werden. Und auch weil ich weiß, dass ich nicht besser bin, auch ich habe schon betrogen.
Ich weiß, ich kann nicht gewinnen, solange ich gegen meine „Feinde " bin. Wie mir vergeben worden ist, dort wo ich betrogen habe, auch wenn es vielleicht nur in Gedanken gewesen ist, so möchte ich ihm auch vergeben.

Vergebung heißt also nicht, dass ich den Täter nicht zur Rede stelle, seine Tat nicht beim Namen nenne, sondern genau das Gegenteil. Aber ich will ihn gewinnen durch diesen Akt der Begnadigung.
Natürlich habe ich dabei etwas zu verlieren, natürlich wird das mein Leben beeinflussen, aber es kommt mir auf die Liebe an. Die Liebe ist eine andere Dimension.
Wie klein auch meine Tat der Liebe sein mag, ich vertraue ihr, dass sie ewige Kraft besitzt.

Hoffnung für unsere Welt

„Hoffnung für unsere Welt… liegt in unserer Fähigkeit, zu lieben und zu vergeben; sie steckt in unserer Sehnsucht, Versöhnung zu leben und in unserer Liebe gegenüber unseren Feinden zu wachsen." (Jean Vanier)

Leben im Vertrauensmodus ist keine Weltfremdheit. Die Realität Gottes ist in meinem Herzen angekommen. Millimeter um Millimeter zu einer lebensfähigeren Welt zu finden, kostet den Preis des verbindenden Neins. Alle auf andere Art gewonnenen Raumgewinne sind keine Fortschritte, höchstens nur andere Varianten des bisherigen.

Aber ich will meinen Millimeter beitragen, auch wenn es nur ein Millimeter ist. Aber es ist ein echter Millimeter, ein funkelnder, leuchtender Hingabeschritt.

Jedes noch so kleine verbindende Nein ist ein kleines Samenkorn für Frieden.